KIM FISHER

90 Tage auf Bewährung

Buch

Es gibt Ratgeber über den Frust der Singlefrau, und es gibt traumhafte Liebesgeschichten. Aber bisher gab es kein Buch über die Phase, in der die Liebe laufen lernt. »90 Tage auf Bewährung« fängt da an, wo der Kinofilm aufhört. Versehen mit witzigen Tipps, schildert Kim Fisher in humorvoll-anekdotenhaften Kapiteln ihre eigenen Erfahrungen und die ihrer Freundinnen. Aber auch der eine oder andere Mann kommt zu Wort.

Was kann in den ersten drei Monaten einer Beziehung alles schief gehen? Vielleicht die Reaktion des Mannes, wenn er nach der ersten Nacht die ungeschminkte, verquollene und zerrupfte Schönheit der Frau sieht? Was könnte unangenehm werden? Die erste WC-Benutzung in einer kleinen, hellhörigen Wohnung? Was fällt einer Frau an sich selbst auf? Dass sie plötzlich eine Oktave höher spricht und alberne, niedliche Endungen an die Wörter hängt? Und was fällt einer Frau an ihrem neuen Partner auf? Hat er gestern wirklich auch schon derart laut geschnarcht?

In »90 Tage auf Bewährung« erfahren wir auf witzige, nicht selten frivol-freche Weise alles über die kribbelnde Zeit, in der die Weichen einer neuen Beziehung gestellt werden.

Autorin

Kim Fisher ist eine der bekanntesten Moderatorinnen Deutschlands. Und eine der neugierigsten. Zusammen mit Jörg Kachelmann und Jan Hofer befragte sie beim »Riverboat« (MDR) in acht Jahren 1.287 Talkgäste, nichts Menschliches ist ihr seitdem fremd. Sie bewies bei der Co-Moderation des Wissensshow-Klassikers »Die große Knoff-Hoff-Show« (ZDF), dass auch trockene Sachverhalte unterhaltsam präsentiert werden können. Gerne amüsiert sie sich und ihr Publikum bei diversen Ausflügen in die Comedywelt, wie z. B. bei »Genial daneben« (SAT1). Neben der Moderation ist das Singen ihre große Leidenschaft, z. B. als Hauptdarstellerin in Europas größtem Revuetheater, dem Berliner Friedrichstadtpalast. Außerdem war sie regelmäßiger Gast bei Ralph Morgensterns »Blond am Freitag« (ZDF), Deutschlands kultigster Klatschsendung.

Mehr unter www.kim-fisher-online.de

Kim Fisher

90 Tage auf Bewährung

Die ersten drei Monate
einer neuen Liebe
oder
Die stressigste Zeit
im Leben einer Frau

GOLDMANN

FSC

Mix
Produktgruppe aus vorbildlich
bewirtschafteten Wäldern und
anderen kontrollierten Herkünften

Zert.-Nr. SGS-COC-1940
www.fsc.org
© 1996 Forest Stewardship Council

Verlagsgruppe Random House FSC-DEU-0100
Das FSC-zertifizierte Papier München Super für Taschenbücher
aus dem Goldmann Verlag liefert Mochenwangen Papier

1. Auflage
Taschenbuchausgabe Februar 2008
Copyright © 2006 by Wilhelm Goldmann Verlag, München,
in der Verlagsgruppe Random House GmbH
Umschlaggestaltung: Design Team München
nach einem Entwurf von Marc Schilkowski
Umschlagfoto: Sonja Gutschera
BH · Herstellung: Str.
Druck und Bindung: GGP Media GmbH, Pößneck
Printed in Germany
ISBN: 978-3-442-15464-7

www.goldmann-verlag.de

Inhalt

Mein Freund, meine Mutter und
meine Analytikerin sind frei erfunden.

Vielen Dank, Martina Conradt, für deine Geduld
und danke, Karin Kuschik,
für die Idee zum Titel des Buches

Vorwort

Warum, wieso, weshalb

Ich war nackt. Er noch nicht ganz. Und wenn mein Hund (Ella, damals zwölf Wochen alt, ein Mopsmädchen) ihn vier Wochen zuvor nicht angepinkelt hätte, hätten wir beide mehr an. Ich definitiv! Zumindest Pyjama, Bademantel, Socken und eine Maske im Gesicht. Ich läge wahrscheinlich mit Würstchen aus dem Glas auf der Couch, und mit einer Freundin am Handy würde ich stumpf eine so genannte Romantikkomödie auf Sat1 verfolgen. Immer das Gleiche: Blonde Hauptdarstellerin, leicht verhuscht, ungerechterweise vor riesigen Problemen stehend. Gegelter Held, verantwortlich für den ganzen Mist, löst all diese Probleme, gewinnt dadurch ihre Liebe. Nach anderthalb Stunden wäre mein Ausflug in die große Gefühlswelt der Liebe hart und unbarmherzig beendet worden. Der erlösende Kuss, Happyend und – Werbung: Zahnpasta oder Nudelgerichte für die ganze Familie.

Warum eigentlich hören diese Filme immer dann auf, wenn es erst wirklich interessant wird? Es gibt Ratgeber über den Frust der Single-Frauen, und es gibt traumhafte Liebesgeschichten. Aber es gibt kein Buch über die Zeit, in der die Liebe laufen lernt…

Genau jetzt hätte ich so eine Anleitung aber wirklich gut gebrauchen können. So als eine Art »how to do« – wie stelle ich mich in den ersten Tagen als plötzlich neues Mitglied einer Beziehung an? Wie gebe ich mich möglichst natürlich? Ohne Verklemmung, Verkrampfung, Verspannung? Die ersten drei Monate einer neuen Beziehung sind für viele Frauen die schönsten Momente. Aber für eine nervöse Frau wie mich sind diese Monate die stressigste Zeit ihres Lebens!

Es war schon immer so. Schon in der Schule. Meine Mutter fragte sich stets besorgt, was für ein Mann-Frau-Bild mir meine Eltern vorgelebt haben müssen, dass ich kurz vor einem Date lieber auf'm Klo geblieben wäre, als mich mit Michael Z. an der Bushaltestelle gegenüber von C&A zu treffen. Ich konnte tagelang nichts essen, weil ich einfach keine Zeit dafür hatte. Schließlich musste ich überlegen, was ich anziehen sollte. Und machen wir uns nichts vor, in den Achtzigern sah man einfach scheiße aus. Als Pubertierende schon mal sowieso. Stulpen über Röhrenjeans, Pullover Größe XXL und gebatikte Tücher eng um den Hals gewürgt. Wo blieb da eigentlich die zarte, aufkeimende Sinnlichkeit auf dem Weg vom Mädchen zur Frau? Bei mir blieb sie in der Dauerwelle oder in meinen Blechohrringen stecken, die als Stoppschild in meinen entzündeten Ohrläppchen hingen. Kein H&M, kein Mango, keine Zara. Stattdessen Jean Pascal, Witboy und C&A. Genau.

Auf gar keinen Fall durfte ich jetzt an Michael Z. denken. Hier ging es nicht um den ersten Kuss mit Zahnspange, in der noch Teile vom Negerkussbrötchen hingen, hier ging es um die erste Nacht. Um meine Zukunft. Und um die von Ella. Wird er es sein, der ihr morgens das trockene, langweilige Futter mit den Worten »Danke, du Pissflitsche, für damals« in den Blechnapf wirft?

Werde ich ihm jemals anvertrauen, wie wenig authentisch ich war? Wie raffiniert ich an den Dingen und Situationen geschraubt habe, die ihm dann so wahnsinnig natürlich erscheinen sollten? Wenn ich allein an die Vorbereitungen in meiner Wohnung vor seiner ersten Nacht bei mir denke …

Wie bereiten Sie sich vor? Gehören Sie zu den lässigen Frauen, die jetzt über mich lachen, weil sie jederzeit überraschend Besuch bekommen können? Deren Wohnung immer die jeweils richtige Atmosphäre ausstrahlt? Lichtstimmung, Wahl der Musik, Fülle des Kühlschranks, alles unter Kontrolle? Klopapier, frische Handtücher, richtige Temperatur für die richtigen Getränke? Alles im Griff?

Ehrlich gesagt, gehöre ich da wohl eher zu den verhuschten blonden Protagonistinnen einer Romantikkomödie. Verwirrt und bereit für jede peinliche Situation.

1. Monat

Die erste Nacht

Ich war perfekt getarnt. Die Jacke saß, die Hose hatte ein Vermögen gekostet, na ja, und die Unterwäsche... Aber so weit waren wir nicht. Noch nicht. Ich hoffte, er würde mich nicht gleich ausziehen. Das Bild war einfach zu perfekt. Ich trug sogar sündhaft teure, halterlose Strümpfe.

Wir küssten uns. Mir brach der Schweiß aus: Allerdings nur vordergründig aus Leidenschaft. Vielmehr beschäftigte mich die Frage, wie kann verdammt noch mal eine einzige blöde kleine Kerze sooo viel Licht machen? Ein bisschen weiter noch, und die Tarnung würde fallen. Ich dachte an meine Oberweite – 80 C. Ich dachte an die Erdanziehungskraft, und er fummelte an meinem BH-Verschluss. Hoffentlich kannte er diesen Mechanismus nicht so genau. Doch, tat er. Er löste den Verschluss, und ich verkrampfte mich sofort. Meine Arme schlangen sich wie in einem Fünfzigerjahrefilm, einem schlechten wohlgemerkt, um meine Oberweite, ich grinste schwachsinnig und hatte Kopfkino. Und er? Er bemerkte nichts von meiner Mühe, so zu tun, als handelte es sich in Wirklichkeit um eine 75-B-Situation...

Meine Damen, machen wir uns nichts vor: Keine Frau mit einem natürlichen C-Körbchen, das nicht silikonverstärkt ist, zieht sich gerne und einfach so das erste Mal vor einem Mann aus. Ich korrigiere. Keine, außer Ronja. Die einzige Frau in meinem Freundeskreis, die nichts mit einem BH anzufangen weiß. Sie scheint auf wundersame Weise die

Gesetze der Schwerkraft besiegt zu haben, und durch einen teuflischen Pakt wachsen ihre Brüste sogar regelrecht der Sonne entgegen. Ja, es gibt sie, die One-Million-Dollar-Chance. Aber zurück zu mir.

Also, was tun? Sich gleich aufs Bett werfen, weil die Brüste im Liegen irgendwie schöner aussehen? Die Arme hochreißen, weil – also bitte, machen die im »Playboy« doch auch, wenn's schon ein bisschen hängt. Frau könnte auch das Laken vom Bett ziehen und sich kunstvoll umhüllen. Wäre sowieso besser für alles, was jetzt folgen sollte und noch ausgepackt werden musste. Ich war im Stress. Von wegen »fallen lassen« und so. Wahrscheinlich dachte er, ich hyperventilierte seinetwegen. Dabei ging's hier gerade wirklich nur um mich! Okay, der BH war gefallen, ich lebte noch, und er war auch noch da!

Jetzt die Jeans. Schlimm. Ich dachte an die Schokolade, die vielen nicht gelaufenen Joggingrunden und meine Cellulite. Kennen Sie das? In Jeans okay – und dann? Wäre ich jetzt immer noch Single, wäre es mir – mit Verlaub – scheißegal. Aber auf einmal änderte sich alles!

Und ziehen Sie mal erotisch eine Jeans aus, die eine Nummer zu klein (die dürre Verkäuferin meinte, kleiner sei knackiger!) und einfach so eng ist, dass jede Eleganz auf der Strecke bleibt. Er würde sie nicht einfach so von meinem Körper streifen können. Da bräuchte es eine andere Manneskraft: zerren, ziehen und reißen! Entwürdigend.

So, damit das Elend jetzt und hier ein Ende fand, schlüpfte ich mal eben selber raus. Ich hatte sie ja schließlich heute Morgen auch ganz alleine angezogen!

Okay, ich änderte die Taktik. Jetzt war er dran. Denn nichts ist peinlicher, als nackt vor einem angezogenen Mann zu stehen. Womit sollte ich denn jetzt anfangen? War doch nicht der erste Mann, der sich unter meinen Händen räkeln würde.

Also, der Gürtel. Natürlich. Was, bitte, war das? Wie funktionierte denn dieses Modell? Wo war die Schnalle? Ach so, keine Schnalle. Männer und Technik. Wenn beim Öffnen dieses Safes ein Fingernagel von mir durchs Schlafzimmer geflogen wäre, wäre ich übrigens weg gewesen. Wahrscheinlich ohnmächtig oder tot. (Und die drei Stunden debiles Rumsitzen bei Nageldesignerin Renate wären damit auch völlig umsonst gewesen.) Warum saß das Mistding bloß so eng? Meine Jeans war ein Kinderspiel gegen diesen Gürtel. Er merkte, dass ich nicht weiterkam, und half. Wie entsetzlich! Zum Glück rutschte seine Jeans spielend leicht – klar, haben Sie schon mal einen Mann mit Oberschenkelproblemen gesehen?

Jetzt standen wir also beide im Slip! Was die Situation nicht wirklich besser machte. Ich trug natürlich einen String-Tanga, nachdem ich mich drei Monate an dieses Strippengefühl im Hintern gewöhnen musste. Und er? Der klassische Schlüpfer. Immerhin: ohne Eingriff oder Ripp. Egal. Wir würden ihn ja eh ausziehen. Und ich wollte ihn auch gar nicht länger ansehen.

Verstehen Sie mich nicht falsch: die Küsse, die Worte, seine Zärtlichkeit, seine Lippen an meinem Hals. Ein Traum! Ich wünschte, alles andere wäre unwichtig. Aber ist es leider nicht. Jedenfalls nicht in meinem Kopf und beim ersten Mal! An dieser Stelle würde ich Ihnen jetzt gerne einen Tipp geben, etwa nach dem Motto: Lassen Sie ihn erst ins Schlafzimmer, wenn Sie nackt, in sanftes Licht gehüllt, mit glänzender Creme gesalbt, mit Tüchern geschickt drapiert, daliegen. Quasi mit dem Untertitel: »Gewöhn dich bitte erst mal liegend an mich!« Im zweiten Teil könnten wir dann das

Stehen im Dunkeln üben – ohne Anfassen selbstverständlich. Aber glauben Sie mir, so ist das Leben leider nicht. Ich kann Ihnen auch nicht sagen, dass das alles irgendwann, irgendwie besser würde. Meine Freundin Sabrina zum Beispiel, kesse Körbchengröße 75 A, hat ganz andere Sorgen: Plötzlich ist der Push-up weg, und nichts ist mehr so, wie es war. Da ist eher nichts mehr ... Deshalb wirft sie sich auf den Bauch und lockt mit ihrem knackigen Hintern. Oder meine Freundin Kerstin: dreifache Mutter, dreimal gestillt. Der Bauch ist flach. Genau, der Busen allerdings auch! Also, was tun? Vertrauen. Wenigstens darauf, dass verliebte Männer angeblich blind sein sollen.

Wir Frauen reden ja niemals über Sex. Nur wenn wir uns in Rudeln treffen. Dann geht's tatsächlich auch des Öfteren verbal heiß her, und ich kenne einige Männer, die gerne mal dabei wären. Sie können sich also vorstellen, dass ich die erste Nacht, Tage bevor sie überhaupt stattfinden sollte, exakt, bis ins kleinste Detail mit meinen Freundinnen durchgesprochen hatte.

»Ich finde das erste Mal schon sehr anstrengend, weil du nicht weißt, ob du die Sau rauslassen kannst. Nicht dass er denkt, du bist die Superschlampe und ziehst 'ne Show ab. Oder dass du ihn verschreckst, denn Männer lieben es, die erfahrenen Liebhaber zu spielen, und wehe, sie spüren, dass du mehr Erfahrung hast. Das könnte unter Umständen zu Erklärungsbedarf führen, was wiederum unangenehm werden könnte.« Dieser Vortrag kam von Sabrina, und ich wurde für ein weiteres Thema sensibilisiert, über das ich mir jetzt auch noch Gedanken machen musste! Oje ...

»Du musst erstmal die Katholikin raushängen lassen – und Du warst es selbstverständlich schon immer!!!! Selbst wenn Du definitiv Atheistin bist«, ergänzte die scheue Ronja. Upps, sie auch? Warum hatten sich mir diese Gedanken bislang nicht erschlossen? Weil es jetzt nicht um irgendeinen, sondern DEN einen ging. Und ich wollte einfach gut vorbereitet sein. Und meine Freundinnen waren noch lange nicht am Ende mit ihrem Liebeslatein:

»In der ersten Nacht gibt's Blümchensex, aber er muss spüren, dass du definitiv noch mehr drauf hast.« Aha! Oder: »Richte dich darauf ein, dass der erste Sex nie entspannend sein kann wegen der Reiz- und Sinnesüberflutung! Ist doch logisch: Wir checken ja selber ab, wie er aussieht, riecht, schmeckt und sich anfühlt.« Hm.

Irgendwie hatte ich das Gefühl, meine Freundinnen dachten, ich gehe jungfräulich in diese mir so wichtige Nacht. Nein, doch nicht ganz. Aber sieben Jahre als Single-Frau verschieben da schon mit unter die Wahrnehmungen.

Selbstverständlich hatten sie auch noch für das Danach unterschiedliche Tipps: Abschminken zum Beispiel. Einig waren sie sich darin, dass frau grundsätzlich auf zu viel Make-up verzichten sollte – welcher Mann knutscht schon gerne einen Chemiebaukasten. Natürlich hoffte ich insgeheim darauf, dass ich bereits durch seine liebevollen, leidenschaftlichen und atemberaubenden Küsse so gut wie abgeschminkt wäre. Und der Rest, zum Beispiel wasserfeste Wimperntusche, sollte bitte schön auch draufbleiben. Schließlich sollte er mich ja auch am nächsten Morgen wiedererkennen!

Zum Glück habe ich wenigstens die meisten der sicher gut gemeinten Tipps im Eifer des Gefechts in dieser einen Nacht, der ersten, einfach vergessen.

Trotzdem möchte ich sie gern mal für Sie zusammenstellen:

Natürlich übertreiben wir Frauen immer bei den ersten

Malen, aber betrachten Sie die Vorbereitungen einfach als Ritual oder als Chance, die Nerven zu beruhigen und Ihren Puls irgendwo unter 100 einzupendeln. Also: Sind Beine, Achseln und Bikinizone rasiert? (Übrigens scheint es modern zu sein, dass sich auch immer mehr Männer GANZ rasieren. Also seien Sie auch darauf vorbereitet und nicht so sehr erschrocken, wenn er total nackt, ohne ein einziges Schamhaar, vor Ihnen steht! Und zeigen Sie ja nicht mit dem Finger entsetzt darauf, während sie sich den Mund zuhalten. Das verwirrt ihn auch!)

Rasieren Sie sich nicht direkt eine Stunde vor dem Date – denken Sie an eventuelle Entzündungen.

Sowieso gilt: Auf keinen Fall jetzt etwas Neues ausprobieren! Wenn's schief geht, kann's keiner reparieren. Also, keine neuen Cremes, keine neuen Masken, schon gar nicht am selben Tag zum Friseur! Zu den Vorbereitungen gehört außerdem das Überprüfen des Zustandes der Finger- und Fußnägel, das Salben des Körpers mit einem nicht zu aufdringlichen Duft, ein natürliches bis verführerisches Make-up (ohne Theaterschminke zu verwenden, die im Zweifel sofort auf sein Hemd schmiert oder Sie einfach nur zehn Jahre älter macht!) Und verzichten Sie bitte auf Intimspray – das brennt, bei wem und wo auch immer!

Die Klamotten sind sexy, aber auch durchaus bequem und schnüren garantiert nicht ein, die Unterwäsche ist appetitlich aber nicht zu aufreizend (das kann dann später folgen!). Es muss alles in allem irgendwie lässig und authentisch wirken!

Denken Sie daran, Sie setzen heute Maßstäbe: Wenn Sie nicht der Stiletto- und Push-up-Typ sind, verzichten Sie einfach drauf. Oder wollen Sie sich die nächsten Jahre permanent verbiegen, weil Sie ihm immer irgendetwas vormachen, was Sie gar nicht sind?

Wenn Sie vorhaben, die Nacht bei sich ausklingen zu lassen, achten Sie auf Folgendes: O-Saft, Wasser und Champagner im Kühlschrank, Dreckwäsche weggesperrt, Bett frisch bezogen, genügend Klopapier (wie peinlich, wenn er auf'm Klo ist und brüllt: Wo ist denn hier das Klopapier?), frische Handtücher griffbereit, Kerzenbeleuchtung. Achten Sie darauf, dass die Kerzen schon mal kurz angebrannt waren, das wirkt natürlich und selbstverständlich, als würden Sie jeden Abend bei Kerzenlicht sitzen. Sonst denkt er noch, diesen albernen Zirkus veranstalten Sie nur für ihn! Für Nichtraucherinnen: Es wäre schön, wenn Sie die Streichhölzer nicht erst fünf Stunden suchen müssen!

Legen Sie vorher schon Ihre Lieblings-CDs in Griffnähe und bitte überprüfen Sie vorher deren technischen Zustand. Nichts nervt mehr als eine hängende CD. Bitte, bitte, bitte nicht die Kuschelrock einlegen. Das können Sie doch besser! Beim zweiten Date, gleich in Ihrer Wohnung, achten Sie darauf, dass die CD schon mindestens mitten im dritten Lied läuft. (Wenn er klingelt, drücke ich auf den dritten Titel und spule dann schnell noch 20 Sekunden vor. Ich bin so cool – denkt er – und so behämmert – weiß ich!)

Wenn Sie ins Restaurant gehen, wählen Sie leichte, nicht blähende oder stinkende Speisen. Am besten, Sie essen Ähnliches wie er, wegen der gleichen Zutaten, Kräuter, Gewürze und späteren Ausdünstungen! Ich weiß, das alles klingt nicht romantisch, aber die Vorbereitungen müssen einfach stimmen, und dann kann die Romantik auch kommen. Nur eben etwas später! Ich suche ja nach dem Essen immer nervös nach einem Kaugummi, um stets die komplette Frische anbieten zu können. Nun ist Kaugummi an solchen Abenden aber nicht unbedingt die erste Wahl, denn es könnte sich ja jeden

Augenblick ein Kuss ergeben. Also greifen Sie lieber zu Pfefferminzbonbons!

Schalten Sie Ihr Handy aus und genießen Sie diesen ersten Abend zu zweit. Nichts ist nervender, respektloser und peinlicher als der ständige Kontakt zur Außenwelt, der alle Beteiligten immer wieder aus dem eigenen Romantikprogramm wirft.

Und jetzt: toi, toi, toi!

Übrigens: Nachdem die Klamotten geflogen waren und wir endlich lagen (eine Position, in der ich wieder ausatmen konnte!), klappte es dann auch bei uns… Und meine Panik fiel Stück für Stück, wie zuvor die Textilien, von meinem Körper.

Der erste Morgen

Zunächst, nur um's klar zu stellen: Ich war glücklich, hatte aber schlecht geschlafen. Bin ca. 32 Mal neben ihm aufgewacht (ich habe mitgezählt), von einer Kniescheibe begraben, frierend, ohne Decke und von seinem Atem wachgehalten.

Um 5.16 Uhr ging's nicht mehr, ich hielt es nicht mehr aus, meine Blase stand kurz vor einer Explosion! Und dieses Bild mochte ich mir jetzt wirklich nicht vorstellen. Etwa zwei Stunden später, mit um 13 Zentimeter gewachsenem Blasenumfang und Verkrampfungen am ganzen Körper, schälte ich mich nun doch Millimeter für Millimeter aus seinen Armen. Bloß kein Geräusch machen! Und Geräusche gibt's so viele. Quietschende Matratzen, raschelnde Bettdecken, knarrende Dielen, brustschwache Türen, lebensbedrohliches Stolpern über sinnlos verstreute Hosen, BH und Schuhe. Das alles nur, weil ich ihn doch nicht wecken wollte. Jedenfalls nicht in der ersten Nacht. Später würde ich ihn sogar mutwillig wachrütteln, damit er teilnehmen konnte an meinen Träumen, mich vor Mücken rettete oder einfach nur wach war, wenn ich auch wach bin. Sei jetzt wach! Mir ist langweilig.

Einmal Klo und zurück! Die ganze Aktion dauerte 17 Minuten, um am Ende festzustellen, der neue Traummann hatte sich nicht einen Millimeter bewegt. Er ratzte immer noch gemütlich im Tiefschlaf vor sich hin.

Doch jetzt – drei Stunden später, brach für mich der größte Stressfaktor in einer jungen Beziehung aus. Er wachte auf – ich war ja schon wach! Während ich über Nacht implodiert zu sein schien, sah er aus wie frisch abgelegt! Keine verquollenen Augen, keine Kissenfalten auf der Wange, keine Haare, die wie unsortiertes Stroh in der Gegend rumstanden.

Nachts auf dem Klo stellte sich ja nur das Problem der Geräuschvermeidung! Jetzt strahlte die Sonne. Kein Makeup schützte meine müde Haut, kein Rouge zauberte mir jugendliche Frische auf die Wangen, Zähne sollte ich jetzt auch dringend mal putzen und die »Busen-Situation« vom Vorabend hatte sich auch nicht wirklich gelöst. Und solche Probleme betreffen uns doch alle. Kommen Sie! Auch euch, Claudia, Heidi, Naomi, Meg, Julia, Gwyneth, Angelina... Gut, Angelina nicht. Aber neben der liegt ja auch Brad Pitt!

Wir sind uns einig: Geküsst wird NACH dem Zähneputzen, und wir müssen VOR ihm ins Bad. Sonst kommt er frisch wie der junge Morgen zurück ins Bett gesprungen – wie aus der Deo-Werbung –, und wir sind noch im Urzustand nach dem Urknall. Und das ist entwürdigend. Also zwingend vor ihm aus dem Bett, waschen, kämmen, putzen, salben und dann ganz natürlich, zart duftend, verliebt strahlend, wieder rein in die Federn und in seine Arme. Diese Umstände machte ich mir nur jetzt. Jetzt war ich tatsächlich zu einem Weibchen mutiert – ich war schließlich frisch verliebt, und das war unser erster gemeinsamer Morgen. Erfahrungsgemäß lässt dieses »Engagement« nach wenigen Wochen bereits nach.

Aber wie jetzt raus aus dem Bett? Wenn er schon wach ist, sieht er die nackte Wahrheit. Jaha, auch gestern Nacht war die Cellulite bereits da. Ich weiß, es war dunkel.

Meiner Freundin Sabrina ist es ganz egal, was der Kerl denkt. Männer sind sowieso Aliens. Sagt sie. Auch ihr Busen steht nicht mehr unterm Kinn, aber das spielt mit 40 XXL keine Rolle mehr. Sie nimmt sich an, wie sie ist. Sagt sie. Sie hat eine andere Haltung als mit Anfang 20. Ist selbstbewusster und weiß, dass es eigentlich auf ganz andere Sachen ankommt. Ja, das weiß Sabrina! Ich aber wusste momentan nur, dass ich nicht perfekt war und wie Blei auf der Matratze liegen blieb, weil ich mich nicht traute, unter seinen Augen, ganz und gar nackt, leicht wie Kate Moss aufs Klo zu catwalken.

Ich fand mich in diesem Moment auch sehr verklemmt und dachte an Kerstin, die allein erziehende dreifache Mutter. Ihr stellte sich eine ganz andere Frage nach der ersten Nacht. Nämlich: Wie erkläre ich meinen noch vor der Pubertät stehenden Kindern, wer der Onkel in Mamas Bademantel ist? Der Mann, der zwischen drei Zahnbürsten mit Tabaluga-, Prinzessin Lili-, und Schumacher-Ferrari-Aufdruck und einer Dr. Best am Waschbeckenrand steht.

So unterschiedlich kann der Morgen »danach« aussehen.

Ich entschloss mich jetzt einfach, den Bauch einzuziehen, mich aber auch auf keinen Fall umzudrehen und ihm mein fahles, angeschwollenes und gleichzeitig zerknittertes Gesicht zu zeigen. Dabei redete ich um mein Leben, um ihn von meinem äußeren Zustand abzulenken. Während ich nun kerzengerade auf dem Bettrand saß, nach seinem T-Shirt (sicher ist sicher!) schielte, um es notfalls doch noch irgendwie überzuwerfen, traute ich meinen Ohren nicht. »Morgens siehst Du noch viel verführerischer aus. Komm, küss mich.«

Irritiert und noch sehr scheu (kaum vorstellbar nach der Nacht) warf ich die Hände vor meine Brüste, rollte mich ungeschickt wie Seehund Antje zu ihm und drückte ihm wie eine Zwölfjährige einen unromantischen, dafür sehr beherzten Kuss auf die Wange. Oh Gott, hatte er jetzt dann doch meine Problemzonen erspäht und überging sie einfach nur bewusst höflich? Hatte er etwa Bridget Jones Teil 2 gesehen? Oder war er tatsächlich einfach nur bis über beide Ohren in mich verliebt?

TIPP

Und jetzt müssen wir mal Tacheles reden, meine Damen. Wenn Sie ihn nicht auf Ihre persönlichen Problemzonen aufmerksam machen, wird er sie auch garantiert nicht bemerken. Jedenfalls nicht am Anfang und schon gar nicht, wenn er verliebt ist. Ich weiß, es ist genau in solchen Momenten eine wirklich große Herausforderung für fast jede Frau, einfach mal die Klappe zu halten und sich dem hinzugeben. Aber er will mit Ihnen sicherlich nicht gerade jetzt über Cellulite, Augenfalten oder Schrumpelknie reden.

Er wusste mit meinen Verkrampfungen umzugehen und löste sie auf wundersame Weise. Vielleicht war ich auch nur eine gute Schauspielerin, sodass er von meiner Not gar nichts mitbekam. Ich verschwand also nackt, wie der liebe Gott mich schuf, im Bad und schaffte in acht Minuten ein Reinigungs-, Pflege- und Beautyprogramm, wofür ich an normalen Tagen mindestens eine Stunde brauche. Wie gut, dass sein Bademantel an der Tür hing. Groß und flauschig, und das machte mich automatisch klein und zierlich, zerbrechlich geradezu.

Wenn alles perfekt lief, war er inzwischen aufgestanden und hatte nackt Kaffee gekocht, Eier ins Wasser geworfen und die Marmelade, die seine Mutter gekocht hat, auf den Tisch gestellt. An dieser Stelle: Ich habe übrigens auch nichts gegen frisch gepressten Orangensaft. Die Nacht war ja lang und anstrengend.

Ist gut, ist gut, Sie haben so etwas noch nicht erlebt? Ich auch nicht, aber es ließ sich gerade so schön schreiben... Wahrscheinlicher ist wohl, dass er noch im Bett liegt, sich über die Wiederholung der ARD-Volksmusikhitparade vom Vorabend lustig macht oder einfach nur wieder eingedöst ist.

Die eleganteste Lösung wäre jetzt, sich nicht über ungekochte Eier zu ärgern, sondern einfach noch mal zu ihm ins Bett zu krabbeln. Nach einer weiteren Stunde könnten Sie dann in dieses romantische Frühstückslokal gehen, in dem sie sonst alleine saßen und sich wünschten, nicht mehr alleine hier zu sitzen.

Der Tag danach

Ich weiß nicht, ob Sie es auch schon gemerkt haben, aber: Ich war verliebt. Deshalb trug ich jetzt mein Handy immer schön dicht am Körper. Damit ich auch ja keine SMS oder gar einen Anruf verpasste. Natürlich machte ich es wie alle Frauen und wartete darauf, dass er anruft. Wenn es um die ersten Anrufe geht, bin ich da sehr mädchenhaft. Obwohl es mir wirklich in den Fingern juckte. Und ich jede, jede Sekunde an ihn denken musste. Und während ich wartete, guckte ich in meinen Kleiderschrank. Nicht, dass ich sonst nichts zu tun gehabt hätte, ich war nur nicht zu etwas anderem fähig. Aber Klamotten haben ja direkt was mit meinem Zustand zu tun. Schließlich wollte ich ihm auch heute noch gefallen.

Saß ich nicht schon gestern hier, in meinem Schlafzimmer, auf meinem Bett, unfähig, eine Entscheidung zu treffen, bewegungsstarr, abgesehen vom Nägelkauen, nervös? Habe ich nicht gestern schon drei Stunden die Schublade mit meiner Unterwäsche inspiziert und Häufchen aufs Bett geworfen? Abteilung »sexy«, »geht noch«, »Alltags- und Sportslips«, »für den Arzt« (groß, warm und weiß) und »wieso liegst du denn noch hier drin?« Ich fand sogar einen roten Frotteeschlüppa mit einem gelben Teddy, den ich jahrelang von Umzug zu Umzug mitgeschleppt und immer wieder mit einsortiert habe. Für Frau S., meine Analytikerin, hätte in diesem schlimmen »Schlüppa-Fall« alles klar auf der

Hand gelegen. Ich wollte meine Kindheit partout nicht loslassen. Dabei fand ich ihn eigentlich immer nur hübsch. Für meine aktuelle Lebenssituation war er natürlich gänzlich ungeeignet. Die Abteilung »sexy« und »geht noch« teilte ich jetzt nach Farben: unschuldiges Weiß, sündiges Rot, verruchtes Schwarz, luxuriöses Champagner und der verspielte Rest.

Für die erste Nacht hatte ich mich mutig für eine zweifarbige Kombination entschieden. Weiß und rot. So war ich für jeden Fall gerüstet. War ja, wie sich herausstellte, auch definitiv die richtige Wahl.

Während ich feststellte, dass ich immer noch keine SMS von ihm bekommen hatte, dachte ich natürlich schon intensiv an unser nächstes Treffen. Gerne wüsste ich, wie unser Abend aussehen würde, entsprechend könnte ich mich darauf vorbereiten. Ich könnte mich wie eine Regisseurin ihre beste Schauspielerin gekonnt in Szene setzen.

Wie ich so vor mich hin träumte, schrie mir das wirkliche Leben ins Gesicht: »Räum uns weg! Wasch uns ab! Sortier uns aus!« Meine Bude sah furchtbar aus – im Schlafzimmer stapelte sich die Wäsche, der gesamte Inhalt meines Kleiderschranks lag verstört auf Bett, Boden und Stühlen. Mein Schreibtisch – zurzeit war nicht klar zu erkennen, welche Farbe er eigentlich hatte, erstickte unter Stapeln von Papier, ungeöffneten Briefen und einem Teller mit angetrockneten Spaghettiresten. In eine Ecke hatte Ella gemacht (ich schwöre, ich hab's nicht gesehen, sonst hätte ich es NATÜRLICH sofort weggemacht!). Und das Badezimmer sah aus, als hätte ich die gesamte KaDeWe-Kosmetikabteilung gekauft und zu Hause ausprobiert. Kurz, ich war ganz offensichtlich eine Schlampe! Wo war die tolle Frau, die er gesehen hatte? Die er im Arm gehalten hatte? Es klang noch in meinen Ohren: »Du bist perfekt, auf Dich habe ich gewartet!«

Oh Mann, und ich saß da, als würde ich auf ein Abrissunternehmen warten! So ging das auf gar keinen Fall. Ich brauchte Hilfe! Mutter! Zum Glück wusste sie mittlerweile, wie man mit einem Handy umgeht, und war somit rund um die Uhr erreichbar! Während ich versuchte, ihr zu erklären, in welchem seelischen Ausnahmezustand sich ihr Kind befand, erklärt sie mir, annähernd ähnlich verwirrt wie ich: »Nun rate mal, wer hier vor mir steht! Ein attraktiver junger Mann in Uniform.« »Mama, ich bin mir nicht sicher, ob ich wissen möchte, wie die Geschichte weitergeht!« »Herr Richter, so heißt er, erklärt deiner dummen Mutter, dass eines der drei Dinge zu viel waren: auf der Busspur fahren, Lippen nachziehen oder dabei telefonieren.« »Mama, gib ihm brav deine Papiere und schweige.« »Wissen Sie, ich telefoniere gerade mit meiner Tochter. Anstrengend – aber ganz hübsch; und übrigens immer noch Single; und leider immer noch so allein.« »Mama, ich werde mich zur Adoption freigeben lassen! Bis später.« Tut, tut, tut.

Das war also auch keine gute Idee. Um wieder gute Laune zu bekommen, stellte ich mich vor den Spiegel und wollte mir eine frisch verliebte Frau angucken. Oh Gott! Vom wilden Küssen glich mein Kinn dem Hinterteil eines Pavians, meine Haare hatten eine ähnliche Konsistenz wie die Spaghetti auf meinem Schreibtisch – ich könnte sie einzeln zählen – und ich schien über Nacht um zehn Jahre gealtert und 20 Kilo schwerer geworden zu sein.

Jetzt war es so weit: Ich heulte. Rotz und Wasser! Warum war ich nicht einfach nur toll? Schlank? Bildschön? Ordentlich? Und reich … O mein Gott. Auf einmal hatte ich Panik, dass ich ihn gleich wieder verlieren würde, weil ich nicht so toll wie Gwyneth Paltrow war, die nach dem Aufstehen doch bestimmt auch immer noch ganz ganz schön aussieht. Ich musste dringend meine Analytikerin Frau S. anrufen. Was wäre denn, wenn er mich für eine Mogelpackung hielte, nur weil ihm nach ein paar Wochen seine rosarote Brille von der Nase rutscht?

Ich hatte einen Kater! Einen »Der-Morgen-danach-Blues«. Na und, andere Frauen haben den Vor-während-da-nach-Menstruations-Blues«, den »Warum-kaufst-du-mir-die-Gucci-Brille-nicht-Blues« und den »Scheiße-schon-wieder-ein-Kilo-mehr-Blues«!

Jörg! Mein schwuler Freund. Er, und nur er würde wissen, wie man mich jetzt von diesem tragischen Zustand erlösen könnte. Er kam auch – nach zehn Minuten Überredungskunst. Die Diva hatte heute allerdings auch nicht die beste Laune! »Gott, du siehst wirklich aus wie eine Trümmerfrau. Setz bitte deine Sonnenbrille auf! Und deine Wohnung?! Was isssn dis jetzt hier? Fräullein, das geht gar nicht! Bist du unter die Schlampen gegangen? So, Prinzesschen, jetzt gehen wir mal schön raus, und du erzählst alles. Oder meinst du, ich stelle mich im Ernst hier hin und wasche ab? Ich hasse angetrocknete Spaghetti.«

Es tat gut, im richtigen Moment den richtigen Menschen an meiner Seite zu haben. Denn ich wusste eins jetzt sehr genau. Von ihm würde ich den Kopf gewaschen bekommen und mich hinterher gut fühlen, nämlich so, wie ich bin. Auch wenn ich zugab, dass meine Wohnung dringend aufgeräumt werden musste!

Wir redeten stundenlang. Jörg schien meine Panik zu begreifen und analysierte mit der ihm eigenen Art meinen aktuellen Ist-Zustand. »Schätzchen, sprich mir mal nach: ICH HABE EINEN FREUND! « Dabei guckte er mich an, als wäre

ich schwachsinnig. »Los, sags!« »Na ich hab 'nen Freund.«
Ich nuschelte und verschluckte mich dabei fast.

»Einen was? Ich hab Dich nicht verstanden?« »Mann! Das
kann man doch noch gar nicht so sagen! Wir sind doch noch
ganz am Anfang.« »Entschuldige, jetzt seid ihr ein Paar, du
Huhn, du selber hast gesagt, dass er es ist, dass es diesmal
gaaaaanz anders ist. Also, reiß dich am Riemen, verabschiede
dich von deinem Fastfood-Single-Leben, kneif die Backen
zusammen und sag es!«

»Ich habe einen Freund.«

»Geht doch.«

Aha, das war es also. Schiss vor der eigenen Zivilcourage.
Schiss vor dem Moment der Entscheidung. Schiss vor der
Verantwortung. Sich fallen lassen, einlassen, loslassen – auch
mit dem Risiko, dass es eventuell schief gehen könnte.

Ich war so weit. Und dachte: Ich rufe jetzt meinen Freund
an. Ja! Meinen Freund!

PS: Herr Richter, der attraktive Polizist, hatte auch keinen
besonders guten Tag. Oder vielleicht hatte er heute auch nur
eine Selbstbewusstseinsschwäche wie ich. Möglicherweise
hatte er auch weniger in seinem Spiegelbild gesehen als andere in ihm. Er ließ sich nicht auf die Kupplungsversuche
meiner Mutter ein. Er verstand verhältnismäßig wenig Spaß
und knüpfte ihr stattdessen 100 Euro ab und verwies auf eine
noch folgende Anzeige.

Sein Badezimmer

Ich lebte in einer unruhigen Zeit. Woche zwei meiner neuen Beziehung. Nicht nur, dass ich außerordentlich verliebt war und deshalb etwas verwirrt schien, irgendwie kam ich mir auch immer so vor, als sei ich auf der Flucht. Ich war immer bereit. Mein Leben hatte ich meiner Handtasche anvertraut. Schließlich wusste ich tagsüber nie genau, ob ich zu Hause oder bei ihm übernachte.

Noch vor vier Wochen lagen in meinem Beutel (der eh schon viel zu groß und voll ist!) übersichtlich Schminktäschchen, Klopapier für meinen Hund (ich mache jeden Haufen weg!) und der übliche Kram (Brieftasche, Schlüssel etc.) Jetzt ähnelte alleine das Gewicht meines Notkoffers dem Überseegepäck einer dreiköpfigen Familie für einen einwöchigen Urlaub an der türkischen Riviera. Ich schleppte also Zahnbürste und Zahnseide (Ronja hat sogar immer ein Stückchen Zahnseide in ihrer Hosentasche), Abschminktücher, Proben von Kosmetikprodukten (diese kleinen Tübchen sparen ungemein Platz) wie Augencreme, Nachtcreme, Masken für Hals und Dekolletee, angespannte feuchtigkeitsarme Haut, wahlweise auch für Problemhaut mit.

Zwischen all diesen lebensnotwendigen Pflegeprodukten für die Frau fanden sich jetzt auch ein neuer Satz halterlose Strümpfe (okay, Socken), Wechselwäsche – klingt wie im Kindergarten, da haben wir die Eltern auch immer um Wechselwäsche für ihre Kinder gebeten. Wissen Sie, ich habe während meines Studiums mal in einem gearbeitet. Ich war jung und brauchte das Geld! Einmal wollte ich auch diesen Satz schreiben!

Im Gepäck hatte ich außerdem Haarbürsten für jeden Fall, Shampoo, Conditioner, Föhn und Lockenstab. Wenn schon neurotisch, dann richtig. Außerdem eine Ersatzbluse, eine Ersatzjeans und Schuhe, wobei ich die am liebsten im Auto ließ. Und natürlich das gesamte Ella-Gepäck: Decke, Fressnapf, Leine, Futter (feucht und trocken), Knochen und Spielzeug.

»Nein, Schatz, ich ziehe hier nicht ein, ich übernachte bloß bei dir. Freu dich und mach ein entspanntes Gesicht.« Dieses hatte sich nämlich beim Anblick meines Übernachtungssets leicht verkrampft.

Sie sehen, ich habe genaue Vorstellungen über Utensilien zur Körperpflege. Er auch. Das weiß ich, seitdem ich seinen Badezimmerschrank ziemlich gründlich inspiziert habe. Das gehört sich nicht? Kommen Sie, das tun wir doch alle! Hm? Zunächst sind wir natürlich auf weibliche Accessoires geeicht, die eventuell auf Nebenbuhlerinnen, Vorgängerinnen und Exen hinweisen könnten.

Dabei achte ich sehr genau, falls ich was finde, auf Qualität und Preis dieser Produkte.

Stellen Sie sich vor, wie peinlich es wäre, wenn ich Nivea benutzte, und meine Vorgängerin hätte die Reste von LA MER stehen lassen!

Wenn ein Typ Tampons im Schrank hat, ist er a) gut vorbereitet, was ihn zu einem Frauenversteher macht, b) in Gedanken noch bei seiner Ex, sonst hätte er die Dinger doch längst entsorgt, oder c) eine Machokakerlake, ein abgebrühter Mistkerl, vor dem man sich in Acht nehmen sollte.

Was darf also drin sein in seinem Badezimmerschrank?

Parfums. Wenn sie dann auch noch gut riechen: wunderbar. Rasierschaum, Rasierer. Vielleicht auch noch ein kleines Döschen Gesichtscreme. Mehr sollte dann da auch nicht stehen. Hämorrhoidensalbe? Ein Alptraum. Nasenhaarschere? Igitt, wer will denn so was wissen von seinem Traummann. Nagelknipser? Puh, und dann noch neben der Zahnpasta. Also bitte! Aber im Grunde gilt sowieso: Jedes Produkt mehr, vor allem mehr als in meinem Schrank bzw. damals Beutel lässt meinen Traummann zu einer Douglas-Schlampe mit Goldkettchen schrumpfen.

Sabrina, meine Freundin, hatte mehrere Ehemänner und einen entsprechend großen Erfahrungsschatz. Sie mag andere Sachen noch viel weniger: »Schlimm sind Dinge, die ich sehe, obwohl ich mir wirklich die allergrößte Mühe gebe, sie nicht zu sehen: Dreck in der Schüssel, Spritzer auf der Brille, gelbe Flecken rund ums Klo, Staub und Haare hinter der Brille. Das alles lässt einen sensationellen Liebhaber schnell zu einem ganz gewöhnlichen Mann mutieren.«

Und wir wissen genau, was sie meint.

Aber was tun in solch einem Fall? Wir wollen ihn ja trotzdem lieben und gucken einfach mal weg! Und hoffen, dass Mutti ganz schnell wieder gesund wird. Denn ganz ehrlich…, bis wir so weit sind, seine Haushaltsführung zu übernehmen, müssen noch einige überzeugende Wochen oder gar Monate ins Land gehen. Vielleicht, aber wirklich nur vielleicht, in allergrößter Not, bügeln wir mal ein Hemd.

Okay, ich vielleicht eher nicht (ich kann es schlicht und ergreifend nicht und will nicht, dass er das vor der Hochzeit merkt). Aber die dreifache Mutter Kerstin macht das gerne. Hat so was Mütterliches! Und darauf steht sie, und mit ein bisschen Glück auch er!

Sie ahnen: Als ich das erste Mal zur genauen Besichtigung in seinem Bad verschwand, war alles schön. Weitgehend sauber, hygienisch einwandfrei, keine Wollmäuse in den Ecken oder unter der Badewanne (dort hab ich auch geguckt), eine tadellose Instandhaltung der Toilette, keine Requisiten meiner Vorgängerinnen, saubere Handtücher, farblich aufeinander abgestimmt und in Korrespondenz mit der Fußmatte, ein überschaubares Sortiment an hochwertigen Pflegeprodukten für Männer. Die Beleuchtung indirekt, wahlweise auch ersetzt durch sanftes Kerzenlicht. So wurde der Badezimmerspiegel sofort mein Freund.

Ich schwöre, ich habe so was vorher auch noch nie erlebt!

Ach so, hatte ich das Räucherstäbchen und die Sphärenklänge erwähnt?

Geräusche – Gerüche

Im Grunde meines Herzens halte ich mich für eine völlig unkomplizierte Frau. Menschen, die mich näher kennen, finden, dass ich da ein wenig übertreibe.

Nun gut, ich habe da einen wirklichen, echten, richtigen Schwachpunkt. Und den kennen auch alle diese Menschen, mit denen ich näher zu tun habe. Ich will es Ihnen mal an einem Beispiel verdeutlichen:

Ich fahre nie mit der Deutschen Bahn ohne eine Familienpackung Tempotaschentücher. Denn was keinem anderen auffällt, kann für mich zur seelischen Grausamkeit werden. Dazu gehört die unverschämte Ignoranz, in meiner Gegenwart den schleimigen Inhalt der Nase 43 Mal die Minute monoton hochzuziehen. Auch 20 Reihen vor mir, ich höre alles. Alle anderen hören weg, mich nervt das. Es quält jede Zelle meines Körpers. Ich leide, ekle mich und rege mich auf wie zu Gisela Schlüters besten Zeiten. Nach ungefähr einer Minute dreißig kann ich dann nicht mehr. Wie Fräulein Rottenmeier (Heidis Alptraum) richte ich mich militärisch auf, springe mit Mordgedanken von meinem Sitz und eile im Stechschritt zu dem Übeltäter, der jetzt ein Opfer wird. Und ich schnauze mit schmalen Lippen süßsäuerlich und ein wenig kurzatmig:

»Entschuldigung, macht es Ihnen was aus, eines meiner Taschentücher zu benutzen, um sich die Nase zu reinigen, und mich nicht weiter zu nerven?« Die Reaktionen sind unterschiedlich. Entweder a) »Oh, danke, sehr aufmerksam, hatte gerade keins dabei.« (Ach was, du Affe.), b) völlig unverständiges Kopfschütteln, gepaart mit kompletter Ignoranz meiner Person und einem zischenden Laut, der klingt wie »Ssssst!!!« oder c) die Androhung von Prügeln. Hin und wieder auch lautes Rufen nach dem Zugchef. Im letzten Fall kommt es auch mal zu Verbrüderungen unter den Passagieren. Egal, grundsätzlich ist danach Ruhe. Und ich kann mich auf das nächste nervtötende Geräusch konzentrieren. Und dieses lässt erfahrungsgemäß nicht lange auf sich warten!

So, und jetzt stellen Sie sich mal vor, der Mann, den ich liebe, schnarcht. Ich drehe durch. Ich drehe wirklich durch. Ich drohe an, die Beziehung nach 24 Stunden zu beenden, plädiere natürlich für getrennte Schlafzimmer und mache ihm sofort einen Termin bei einem Spezialisten. Möglicherweise kann man ihm ja irgendetwas wegoperieren. Das Zäpfchen zum Beispiel oder gleich die gesamte Nasenscheidewand. Da muss es doch was geben? Wenn jemand neben mir schnarcht, bin ich weit davon entfernt, mich in irgendeiner Weise zu entspannen. Mein Körper erstarrt, und ich lauere auf das kleinste Geräusch. Selbst Atmen könnte mich schon irritieren. Egal, wie müde ich bin, wie eine Eule starre ich in die Nacht und halte das Kissen griffbereit, mit dem ich ihn zum Schweigen bringen kann. Ich glaube, in dieser angespannten Phase würde ich auch vor einem Mord im Affekt nicht zurückschrecken. Oder wäre es Totschlag?

Zum Glück, zu meinem und zu seinem, schnarcht mein Liebster nicht. Manchmal habe ich sogar das Bedürfnis, ihm einen Spiegel unter die Nase zu halten, um zu sehen, ob er überhaupt im Schlaf atmet. Er schmatzt nicht beim Essen, schluckt nicht wie ein Pferd, wenn er trinkt, und hat auch keinen Heuschnupfen, muss somit auch nicht dauernd die Nase hochziehen.

Meine Analytikerin Frau S. findet meine Aggression auf Geräusche sehr interessant. Sei es doch eine konsequente Fortsetzung meiner Neurosen, was das Ende meiner Therapie bis ins Nirwana hinausschiebt. Ich glaube, sie kalkuliert mich schon fest für ihre Rente ein.

Überlegen Sie sich doch bitte mal, wie viele Ehen schon zerbrochen sind an schnarchenden Männern. Meine Freundin Sabrina zum Beispiel hatte so ein Prachtexemplar, ich glaube es war Ehemann Nummer zwei. Es gab Nächte, in denen sie erst versucht hat, ihn durch Schläge und Tritte zum Schweigen zu bringen. Und dann anschließend, bewaffnet mit Kopfkissen und Zudecke, durch die Wohnung tigerte auf der Suche nach einem stillen Plätzchen. Nun war das eine Dachgeschosswohnung, sehr modern, nach allen Seiten offen, ohne Türen. Ein Alptraum. Manchmal versuchte sie es auf dem Sofa oder im Kinderzimmer, sie hatte es sogar schon mal in der Badewanne probiert. In diesen Nächten hat sie ihn gehasst. Die Ehe hielt ungefähr fünf Jahre. Sie war einfach zu müde, um sich früher scheiden zu lassen.

Für unser Schaf Ronja klingt so ein Schnarchen eher wie die Kleine Nachtmusik, Hauptsache es liegt einer neben ihr.

Ich bestehe darauf, dass Folgendes festgehalten wird: Auch wenn andere das Gegenteil behaupten – ich schnarche nicht, ich sabbere nicht und esse einen Apfel komplett geräuschlos! Nein, ich pupse auch nicht. Nicht, solange ich in Gesellschaft bin! Was gelegentlich allerdings, ich gebe es zu, nur schwer zu ertragen ist, es kann zu kolikartigen Schmerzen und Verkrampfungen in Darm und Gesicht führen.

Gerade in den ersten Wochen einer neuen Liebesbeziehung ziehe ich gelegentlich den Bauch ein. Was vier Stunden später zu ebensolchen Blähungen führt. So, und wohin dann mit solchen Luftbläschen?

Kerstin sieht es pragmatisch und benutzt in Notfällen ihre kleine, noch minderjährige, hilflose und unschuldige Tochter. »Suse, du Ferkel.« Nur Suse und Mutter kennen die Wahrheit, während der neue Mann an Mamas Seite höflich das Gesicht *nicht* verzieht.

Männer und Blähungen. Ein gern diskutiertes Phänomen unter meinen Freundinnen. Hier ein paar Zitate, die ich aus Gründen der Diskretion anonym anführe:

»Ich war diejenige, die die Schlacht eröffnet hat. Kaum hab ich das erste Mal aus Versehen vor ihm Luft abgelassen, hat er losgelegt. Enthemmt und gnadenlos. Ohne Rücksicht auf Konvention und Verluste.«

»Ich glaube, es war Ehemann Nummer drei, der den Tag immer erstmal angeschossen hat. Noch vor'm Guten Morgen …« Igitt.

»Ich finde es bei Männern nicht ganz so unangenehm wie bei Frauen!« Herzchen …

»Seit dreißig Jahren tut es mein Vater. Immer und zu jeder Zeit. Peinlich. Hab mir schon längst abgewöhnt, Besuch mitzubringen.«

»Ich möchte brechen, wenn er sich kurz mit einer Pobacke von der Couch abhebt, knattert und dann direkt die Bundesliga weiterverfolgt.«

Ich finde es schrecklich, dass meine Freundinnen sich so schnell daran gewöhnt haben.

Wie gesagt, ich versuche jede Art von unangenehmen Geräuschen zu vermeiden. Das geht so weit, dass ich eine Abhandlung darüber schreiben könnte, wie man mucksmäuschenstill ein Klo benutzt. (Ronja kann schlagartig überhaupt nicht mehr, wenn sich die Küche, in der er sich gerade aufhält, direkt neben dem Klo befindet, auf das sie gerade gehen möchte.)

Entweder Sie setzten sich schräg auf die Brille und lassen es leise die Beckenwand runterrieseln, sie legen die Schüssel vorher mit Toilettenpapier aus oder sie drehen einfach den Wasserhahn auf und pfeifen. Ihr Herzallerliebster wird denken, Sie hätten sich die Hände gewaschen. Wenn er überhaupt darüber nachdenkt.

Geht *er* zur Toilette, gehen wir rücksichtsvoll an das andere Ende der Wohnung und singen laut ein Lied. Damit ihm nichts unangenehm sein muss. Wahrscheinlich ist es ihm aber völlig wurscht. Er muss mal, das ist das Einzige, was zählt.

Ich denke, dass ich dieses Thema mit meiner Analytikerin Frau S. nicht besprechen werde. Sonst lande ich tatsächlich noch in dem großen Haus mit den schweren Türen und bunten Pillen.

Mein Gott, so viel Geschiss, um was eigentlich?

Ich Demi, Du Ashton

Demi tut's, Barbra Streisand tut's, die Taylor hat's getan. Und ich tat es jetzt auch. Sozusagen. Nicht, dass ich besonders scharf drauf wäre, aber ich hatte in diesem Fall keine Alternative. Bei Elizabeth Taylor würde ich allerdings behaupten, sie hätte im fortgeschrittenen Alter niemals eine andere Wahl getroffen.

Was uns Mädels verbindet ist die Liebe zu einem jüngeren Mann. Als ich meinen Liebsten näher kennen lernte – etwa eine halbe Stunde nachdem Ella ihn angepinkelt hatte –, stellte ich Schaf diese dämliche Frage: Wie alt bist du eigentlich? Natürlich fest in der Annahme, er sei mindestens fast so alt wie ich. Die Antwort schmetterte mich nieder: »29. Und du?« Was war der schlimmere Teil des Satzes, seine Antwort oder die gleich darauf folgende Frage nach meinem Alter? Nun, eigentlich komme ich gut damit zurecht, dass ich schon 34 bin (weil Sie es sind: Ich bin im Grunde schon 36. Okay, wenn Sie es lesen, bin ich wahrscheinlich schon 37).

Aber plötzlich kam ich mir schrecklich alt vor: Da stand der Mann, in den ich mich verlieben wollte, an dem alles zu stimmen schien, der offensichtlich nach meiner geheimen Traummann-Wunschliste gebaut wurde, und dann das…

Ein Baby. Ein Kind. Na gut, ein Jugendlicher vielleicht. Trug er etwa noch eine Zahnspange? Wohnte er noch zu Hause bei Mami und Papi? Hatte er denn schon eine Ausbildung hinter sich, oder aß er mittags noch in der Mensa? Ich stand da, guckte wie ein Wellensittich, der gerade von der Stange zu rutschen schien, dachte Unsinn und überlegte, was ich antworten sollte.

»Ach du Scheiße…«, rutschte mir raus. »Wieso«, grinste er blöd. »Gibt's ein Problem?« Er tat erwachsen, galant, unaufgeregt. Ich wurde von Sekunde zu Sekunde hysterischer. Wenn er irgendwie ahnte, dass ich vermutlich etwas älter sei als er, fragte ich mich, wie alt ich dann aussehe? Ich dachte an die Tausende in Kosmetikprodukte investierten Euro. Siehste… Am Wasser muss es liegen. Drei Liter, sagt meine Mutter immer. Du trinkst einfach zu wenig, Kind, dröhnte es in meinem Kopf. Und die Knie schmieren. Denk immer an die Knie, die runzeln so hässlich!

Ich hörte sie laut und deutlich, während mein »Nochnicht-ganz-aber-schon-fast-Liebster« immer noch auf eine Antwort wartete. »35.«

»Schöne Musik hier. Überhaupt ein toller Laden.«

Was? 'tschuldigung? Hatte er mich gerade nicht gehört? In dieser Sekunde hatte ich an all meine Freundinnen gedacht und hörte sie laut wiehern. Ich sah mich mit ihnen an meinem Küchentisch sitzen, Tee trinken und ihre Machosprüche über mich ergehen lassen: Kiek mal, unsere Kleene, von wegen Küken! Von wegen die Jüngste in der Clique. Na, mach dir nüscht draus: Alt werden die Kerle von alleene. Außerdem muss frau sich erst mal einen jüngeren Mann leisten können! Die Betonung lag eindeutig auf dem Wort LEISTEN!

Ich betete jetzt schon, dass mir all diese Situationen erspart bleiben würden.

Nein, blieben sie nicht. Meine Freundinnen reagierten wie befürchtet. Und ein paar Tage später kam dann zu allem

Übel auch noch meine Mutter und haute mir um die Ohren: »Ach, jetzt bist Du auch in dem Alter, wo man sich gern auch mal bei jungem Gemüse bedient!«

Aber – es sollte sogar noch schlimmer kommen. Ein paar Wochen später, als ich dann das erste Mal mit ihm offiziell als Paar auftrat, zeigte die Berliner Presse am nächsten Tag unser Bild. Am Abend war ich bei Ralf Morgensterns »Blond am Freitag« zu Gast, zusammen mit einer Damenkränzchen-Runde, bestehend aus Desiree Nick und Susanne Fröhlich. Ralf hielt die Zeitung in die Kamera und flötete: »Ach, die Kim. Die Fisherin. Mit 'nem Mann.« (Ja, hat mir das den niemand mehr zugetraut. Aberwitzig!) »Und der sieht soooo gut aus! Ein lecker Teilschen.«

»Und soooooo jung!«, sirente Susanne in die Runde. Ich hätte ihr in dieser Sekunde gern jede Locke einzeln herausgerissen. Okay, jetzt war ich also als eine von denen geoutet. Denen, die immer aufgezählt werden, wenn wieder Sommerloch ist. So wie Birgit Schrowange, Nena, Inga Humpe, Hannelore Hoger… Ältere Frau liebt jüngeren Mann.

Es gab noch nie so viele bekannte Paare, bei denen die Frauen älter waren, wie im Moment. Oder hatte ich mich einfach nur nicht dafür interessiert? Frauen lieben jüngere Männer, weil diese nicht so patriarchisch sind. Habe ich irgendwo gelesen.

Aber ich hatte mir das weder ausgesucht noch gewünscht. Und doch war ich jetzt auch eine von »denen«. Für solche Beziehungen gibt's reihenweise Ratgeber: ältere Frau, jüngerer Mann. Jeder Illustrierten sind solche Paare seitenweise Geschichten wert. Die Altersfrage gilt bei Experten als das explosivste Schlachtfeld der Zukunft. Und da war sie wieder: die bildschöne Dreifachmutter Demi Moore, die gerade ihren 15 Jahre jüngeren Lover Ashton Kutcher geheiratet hatte. Solche Lebensformen werden als Partnerschaftsmodell der Zukunft gehandelt. War das etwa ein feministischer Gegenschlag? Ich fühlte mich sofort als Trendsetterin.

Vorbei das Bild des älteren Politikers, Wirtschaftsbosses, Millionärs, der seine alte, treue Ehefrau gegen ein blutjunges Barbie-Modell eintauschte. Ich war die Zukunft! Stellen Sie sich vor, Sie wären die fünfte Frau von unserem Ex-Außenminister: Er hat seine Zukunft hinter sich, ist der lebende Beweis für den Jojo-Effekt, ähnelt immer mehr einem chinesischen Faltenhund und bindet durch den Ehering eine halb so alte Frau an sich. Schrecklich. Und glauben Sie im Ernst, dass das Liebe ist? Doch, bei diesem Paar halte ich es sogar für möglich.

Mein aktuelles Lebensmodell gefiel mir trotzdem eindeutig besser. Und wenn ich mal so um mich schaute, war's schon fast normal. Kerstin rief neulich völlig aufgedreht an und bettelte mich um Kondome an. Mitten in der Nacht. »Was willst du denn damit?«, fragte ich verdutzt. »Die brauche ich für ein Bastelprojekt in der Schule meines Sohnes.« Aha, um 23 Uhr abends!

Das war eindeutig eine Lüge. Die Wahrheit war ganz anders und völlig eindeutig. Sie hatte einen Verehrer. Er behauptete, mindestens 35 zu sein. Ich habe ihn gesehen: Wenn der 28 war, war er alt! »Aber er hat so süße SMSen geschrieben. Und jetzt ist es so weit: Ich will ihn auch«, strahlte Kerstin durchs Telefon. Kondome kaufte sie dann an der Tankstelle um die Ecke – nach einer Odyssee mit hochroten Wangen an lächelnden, halbwüchsigen, verpickelten Tankwarten vorbei. Immerhin war sie nicht so durch, auf diesen Schutz zu verzichten. Sie kaufte zehn Stück und verbrauchte vier (!) in der ersten Nacht. Den Rest versteckte

Sie hinter ihren Winterstrümpfen, damit nicht etwa eines der minderjährigen Kinder beim Stöbern mal draufstoßen sollte. Die liegen da immer noch. Das Haltbarkeitsdatum ist inzwischen abgelaufen. Aber die Nacht war echt toll ...

Bei Sabrina waren jüngere Männer an der Tagesordnung. Bei ihrem letzten waren's acht Jahre, glaube ich. Das Problem war nur, er wusste es nicht. Jedenfalls nicht genau. Im Grunde, um ehrlich zu sein, hatte sie ihn gnadenlos angeflunkert und sich schlappe vier Jahre jünger gemacht! Jedes Mal, wenn sie aus irgendeinem Grund ihr Geburtsdatum nennen musste, wurde sie zur Urkundenfälscherin und log so sehr, dass sich sämtliche Balken bogen. Blöd war nur, dass er ihr Winterreifen für ihr Auto kaufen wollte – die sie zweifelsohne auch dringend brauchte, bei ihrem Fahrstil – und dafür aus irgendwelchen technischen Gründen ihre Zulassung wollte. Sie konnte ihm die aber aus nahe liegenden Gründen nicht geben (da steht ja das Geburtsdatum drauf, und sie hat sich dann doch nicht getraut, auch noch den Fahrzeugschein zu fälschen). Also fuhr sie bei minus zehn Grad und knietiefem Schnee weiter mit Sommerreifen, bis sie irgendwann selber das Thema erledigte. Nein, sie hat ihm nicht die Zulassung gegeben und damit ihr wahres Alter verraten, sie hat sich die Reifen selbst gekauft und sich von ihm getrennt, als er zu neugierige Fragen stellte.

Im Grunde ist das Modell ältere Frau, jüngerer Mann wirklich spannend. Denken Sie nur an Stéphanie von Monaco. Sie vernascht sämtliche Kellner, Bodyguards und Zirkusartisten um sich herum, gelegentlich heiratet sie auch einen von ihnen, und sie hat einen durchtrainierten Body wie ein junges Mädchen.

Obwohl wir Trendsetterinnen sind, stellen wir trotzdem eine Minderheit dar: Von den Frauen zwischen 35 bis 45 in nichtehelichen Lebensgemeinschaften hat nur jede siebte einen jüngeren Freund! Aber ist es nicht auch schön, gegen den Strom zu schwimmen und anders zu sein!

Aber es ist auch schwieriger. Gibt es doch diese dämlichen, altertümlichen, geradezu gruseligen Machosprüche wie: Eine Frau über 30 wird eher von einem Kometen getroffen, als dass sie einen Mann findet, der sie heiratet. Wenn Sie einen Mann treffen, der so etwas sagt, treten Sie ihn dahin, wo's ihm am meisten wehtut; mit 'nem schönen Gruß von mir.

Wir drehen den Spieß einfach um und widmen uns in Zukunft verstärkt den Knaben mit den jugendlichen Knackpos. Gesellschaftlich ernten ältere Männer mit jüngeren Frauen immer noch einen gewissen Neid ihrer Geschlechtsgenossen, umgekehrt wird schnell Häme draus: Was will denn der knackige Kerl mit der alten Kuh (selbst wenn sie nur zwei Wochen älter ist!)? Die hat wohl Geld oder 'ne eigene Firma, in der er Karriere machen will, wird dann vermutet. Das Wort »Liebe« fällt in diesem Zusammenhang übrigens genauso selten wie im umgekehrten Fall.

Aber im Grunde zählt in Wirklichkeit doch nur eines: wo die Liebe hinfällt nämlich. Und wer von Amors Pfeil getroffen wird, darf auch über Altersgrenzen und gesellschaftliche Hürden hinweg lieben. Meinem Liebsten ist es übrigens schnuppe, dass ich älter bin. Sagt er. Ich glaub's ihm und habe mich nach gut fünf Wochen mit der nicht zu ändernden numerischen Tatsache versöhnt und stelle mir manchmal vor, was in 20, 30 Jahren sein wird. Aber noch haben wir ja nicht einmal den zweiten Monat unserer Beziehung überstanden.

Pheromone – oder
Warum ich jetzt jeden haben kann

Ich guckte in jedes Schaufenster. Stand irgendwo auf mir drauf: Ruf mich an! Pfeif mir hinterher! Find mich toll! Jede Baustelle wurde für mich zum Catwalk. Jede Jeans, die ich anprobierte, sah einfach hinreißend aus auf meinem Hintern. Die Verkäuferin brachte es auf den Punkt: »Sie können einfach alles tragen.« Ja! Das war meine Zeit.

Glauben Sie ja nicht, dass ich dieses Hochgefühl auch schon vor vier Wochen hatte! Nein. Ich kenne die Demütigung sehr genau, in eine Boutique zu gehen und nach der neuesten »Victoria-Beckham-Rock-&-Republic-Jeans« zu fragen – und dabei den abschätzenden Blick der magersüchtigen und schlecht gelaunten Verkäuferin auf die Breite meiner Hüften und die Kürze meiner Beine zu ertragen. »Vielleicht könnte ich Ihnen da ein anderes Modell … Cordhosen sind ja jetzt auch sehr in.«

Nein, ich will auch so 'ne Jeans. Auch wenn ich mich jetzt eher so fühle, als würde nur ein Jogginganzug passen. Danach beginnt gewöhnlich Phase zwei: »Welche Größe haben Sie denn? Lassen Sie mal sehen.« Dann reißt sie mir meinen Mantel auseinander, ich zähle bis fünf, damit ich nicht sofort auf der Stelle ohnmächtig werde vor Wut, und begutachtet meinen Allerwertesten. »Ich seh schon, 32.« NEIIIIN! 30, manchmal sogar 29! Dummes Huhn! Während wir noch über meine Jeansgröße diskutieren, gesellen sich dann meist drei weitere magersüchtige, Nägel kauende, schlecht gelaunte

»Fachverkäuferinnen« um meine Kabine. Es ist ja schon erniedrigend, sich in eine neue Jeans zu quetschen, dann aber auch noch unter den plötzlich wachsamen Blicken des Personals. Was soll ich sagen, mit einem »Schönen Tach noch« und einem gedachten »Leckt mich« lasse ich in solchen Fällen das coole hiphoppende Zentrum des Grauens hinter mir.

Jetzt, vier Wochen später war alles anders. Ich hatte drei Kilo verloren, durch gesteigerte körperliche Aktivitäten gestraffte Haut und blendende Laune. Die wurde noch besser, als die Beckham-Jeans in Größe 29 (klar!) spielend leicht über meine Hüften rutschte. Was machten da schon 280 Euro bei diesem Hochgefühl?

Die Verkäuferin hatte Recht, ja, ich konnte einfach alles tragen! Selbst der schwule Verkäufer an der Kasse schien bei meinem Anblick seine sexuelle Ausrichtung noch einmal überdenken zu wollen.

Wieso ist das so? Wieso spüren plötzlich alle um dich herum, was für ein heißer Feger du bist? Und wieso wussten das schon sowohl meine Oma als auch meine Mutter? Wenn du einen hast, kannst du alle haben! Oma hätte wohl gesagt, es liegt an deinen strahlenden Augen. Wir wissen es heute genauer. Es sind die Pheromone. Klingt nur weniger romantisch. Eher animalisch. Lockstoffe der Liebe.

Ich habe nachgelesen: Pheromone sind Sexual-Lockstoffe, die alle Insekten und Tiere, aber auch Menschen absondern, um das andere Geschlecht anzuziehen. Sie sind unsichtbar, geruchlos und wirken deshalb unterbewusst. Das Wort Pheromon kommt aus dem Griechischen und bedeutet »Träger von Erregung«. Und wer keine hausgemachte Erregung hat, kann sich das Zeug sogar im Internet bestellen. Fragen wir allerdings »Stiftung Warentest«, werden wir mit ziemlicher Sicherheit erfahren, das Zeug sei teuer und wirkungslos.

Wobei: In der anschaulichen Familien-Wissenschafts-Sendung »Knoff-Hoff« durfte ich mal als Comoderatorin was ganz Versautes lernen. In modernen Schweinezuchten können die Tiere schon lange nicht mehr sexuell die Sau rauslassen. Für Nachwuchs sorgt der Bauer künstlich. Aber auch für solch einen Akt muss die Sau willig gestimmt werden, heißt »rauschig« als Fachvokabel (geil im Volksmund). Dafür werden ihr ebenjene Pheromone auf die Schüssel (sprich den Rüssel – warum Bauern auch immer aus Rüsseln Schüsseln machen) gesprüht.

Ist die Sau dann rauschig, verfällt sie in eine so genannte Duldungsstarre (in der kann sie übrigens bis zu einer halben Stunde wie festgetackert stehen bleiben!). Na ja, und der Bauer erledigt schließlich den Rest.

Nun möchte ich nicht, dass Sie denken, es gäbe da eine Verbindung zwischen der rauschigen Sau und mir. Das Thema Duldungsstarre beschreibt meinen Gemütszustand nicht wirklich.

Dennoch stelle ich mal wieder fest, diese Pheromone wirken Wunder. Ich trug die Tüte mit meiner 280-Euro-Jeans (ich bitte Sie, 280 Euro für 'ne Jeans, wie bekloppt war ich denn?), trank einen wunderbaren Latte macchiato, und fand, dass der Himmel blauer und das Gras grüner waren als jemals zuvor.

Der sonst arrogante Kellner, der mich gewöhnlich nie beachtete, flirtete mit mir, der Student vom Nachbartisch machte den Anschein, als suche er gerade nach einer möglichst intelligenten Anmache. Und überhaupt, das war mein Tag. Und jetzt vibrierte auch noch mein Handy. Mein Liebster? Es sollte mich tatsächlich noch an diesem Tag der

Schlag treffen. Eine SMS von Sven. Sie müssen wissen, Sven gehört zu den Männern, die erstens jede haben können, aber zweitens nicht jede wollen. Es fällt mir schwer, es zuzugeben, und ich mache das auch äußerst ungern: Er hätte mich haben können, aber er wollte mich nicht. Schwein. Womit wir wieder bei der Duldungsstarre wären.

»Hallo du Süße, hab dich gestern am Kudamm gesehen, sahst sehr gut aus. Wieso haben wir uns eigentlich so lange nicht mehr getroffen? Was hältst du von einem Glas Champagner?« Mein Kopf knallte auf die Tischplatte, und zwei Seelen wohnten, ach!, in meiner Brust. Ach du meine Güte – Goethe. Ich antwortete ihm nicht! Das hatte ich gar nicht nötig – jedenfalls nicht mehr!

Ich sag ja, ich konnte jeden haben.

Klar, dass meine Analytikerin Frau S. sofort mit einer wissenschaftlichen Erklärung um die Ecke kam, warum ich zurzeit das Gefühl habe, die ganze Welt läge mir zu Füßen und jede Jeans würde passen. Die erspare ich Ihnen jetzt. Es ist, wie es ist. Ich bin verliebt, die Welt ist rosarot, und ich will, dass das möglichst lange so bleibt. Alles andere ist doch jetzt wirklich wurscht.

Hör mal, sie spielen unser Lied

Meinen ersten Kuss, also meinen ersten Zungenkuss, werde ich nie vergessen. Es war im Partykeller meiner Kusine – im Übrigen zwei Jahre ÄLTEREN Kusine, was die Sache noch viel spannender machte. Ich durfte dabei sein, als die Großen Klammerblues tanzten. Ich war 13! Und Ackie 16! Extrem erfahren also. Bei Barclay James Harvest sollte es nun also geschehen. Im Refrain hieß es »I love you«, ich selbst war von diesem Zustand allerdings meilenweit entfernt. Ich sollte kurz dazu sagen, dass Ackie als Einziger noch übrig geblieben war. Kein Wunder, hatte er doch strohweißblondes Haar und knallrote Backen (er wäre perfekt für die Rotbäckchen-Reklame gewesen!). Den Rest können Sie sich denken: dicke Brille, Pickel, und ich glaube mich erinnern zu können, dass er auch eine Zahnspange trug. (Jahre später durfte ich bei einem zufälligen Treffen mit seiner dann schon Ex-Frau erfahren, dass er zu allem Übel auch noch unter vorzeitiger Ejakulation litt – der Arme. Oder die Arme?)

Zurück in den Partykeller: Während also dieser Titel lief, presste er erst seinen abdominalen Bereich gegen meinen (zu jenem Zeitpunkt meines Lebens dachte ich noch, es handele sich um seinen Fahrradschlüssel!), um dann plump und ungeschickt ohne nennenswerte Vorankündigung seinen Mund auf meinen zu drücken. Während sein hellblonder Flaum mich kitzelte, schob er seine sieben Meter lange Zunge in meinen Hals. Ich befürchtete kurzfristig zu ersticken. Unmittelbar danach wurden mir die Mandeln rausgenommen.

Jedes Mal, wenn ich jetzt dieses Lied von BJH höre, leide ich unter spontaner Schnappatmung und unter Mandel-Phantomschmerzen!

Sabrina bekam ihren ersten Kuss auf der Tanzfläche einer Kinder- und Jugenddisko im Berliner Bezirk Wedding. Klingt doch schon sehr romantisch ... Der Typ hieß Frank und war toll – wie sie heute noch stolz berichtet. »Er hatte lange Haare, war irgendwie ein Rebell, lehnte sich gegen jeden Erwachsenen auf und fuhr Mofa.« Bei »Hey Jude« von den Beatles ist es dann geschehen. Der Kuss war absolut okay, sie hört das Lied deshalb heute noch gern. Allerdings immer mit einem gewissen Stressfaktor. Sie hatte sich nämlich ohne Erlaubnis ihrer Mutter in dieses Vergnügen gestürzt, was dazu führte, dass ihre Erziehungsberechtigte eine Sekunde nach dem Kuss wie eine Furie in die Disko stürzte, ihre Tochter auf der Tanzfläche erspähte und an den Haaren herauszog. Nicht zu vergessen die üblen Beschimpfungen gegen die Betreiber dieses Etablissements. Es war der peinlichste Moment ihres Lebens.

Und trotzdem: Musik und Liebe gehören einfach zusammen. Wenn ich zurückdenke, verbindet mich mit fast jeder längeren Beziehung irgendein Lied. »Verdammt ich lieb dich« zum Beispiel (meine Freundin Sabrina besteht jetzt gerade in der Sekunde darauf, dass ich das schreibe!). Hübsch ist auch die Erinnerung, die ich mit »Mutti, guck, Mutti, guck, fremder Hahn auf unsrer Tuck,« verbinde. Sie ahnen, ich war auch mal mit einem sehr komischen Menschen zusammen.

Jedes Paar möchte doch sein eigenes Lied haben. Das kann auch dazu führen, dass man einfach ein Lied benennt, auf Teufel komm raus, auch wenn's eigentlich geschummelt ist. Es ist toll, es gehört nur uns, es verbindet uns selbst im Streit.

Ronja hatte mal eine ganz heiße Affäre mit einem gewissen Henry – sechs Wochen in Thailand. Strand, Sonne, sensationeller Sex und immer wieder das gleiche Sommerlied aus allen Lautsprechern. Das kitschigste thailändische Fahrstuhllied, das man zu Hause nie hören würde. Dann irgendwann Flughafen, Ende, tschüss, auf Nimmerwiedersehen. Der Trennungsschmerz war erheblich, aber Zeit heilt ja alle Wunden. Bis zu dem Moment, als sie diesen Song bei einem Asiaten in Berlin hörte und fast an ihren Nudeln erstickte! Sofort war alles wieder da! Eigentlich lag sie gerade am Strand in seinen Armen, noch tropfnass vom Meer.

Sie zog den Koch aus der Küche, schwatzte ihm die zerkratzte CD ab, für die der Verbrecher mehr verlangte als für sein miserables Essen, und machte sich auf die Suche nach ihrer Sommerliebe. Es hat drei Monate gedauert, ihn zu finden. Und dann waren sie vier Jahre zusammen. (Ob die Geschichte jetzt genau so stimmt, überlasse ich ihrer Phantasie. Aber vielleicht macht sie ja gute Laune und motiviert auch Sie, mal wieder in Ihren alten CDs zu kramen.)

Aber eins ist auch klar: Nach der Trennung bereitete Ronja dieser Song nur noch Übelkeit! Zumal die CD komplett im Eimer war – denn während der Trennungsphase hatte sie ihren CD-Spieler auf »repeat« und die Nachbarn auf eine extreme Geduldsprobe gestellt: Sie hörte dieses Lied nämlich annähernd 2728 Mal.

Mein Liebster und ich hatten noch keinen Song, der »unser Lied« war. Wieso eigentlich nicht? Wann entscheidet sich, welches Lied »unser Lied« wird? Es ist ja leider nicht so, dass man in ein Musikgeschäft geht und sagt: Guten Tag, ich hätte gerne »unser Lied«. Zweimal, bitte. Für ihn und mich. Ach, am besten gleich dreimal, falls die CD zerkratzt (wer immer uns erzählt hat, CDs seien unkaputtbar, hat gelogen, meine sind jedenfalls fast alle kaputt!)

Kerstin hat's meistens so gemacht: Entweder sie hat bei dem Lied die Jungs kennen gelernt, das erste Mal geküsst oder einen besonders hübschen Höhepunkt erlebt. Manchmal, meint Kerstin, ist es aber auch einfach so, dass man gemeinsam – im Auto oder Restaurant, auf der Skihütte oder in einer Bar sitzt, ein Lied hört, sich dabei tief in die Augen schaut und wortlos spürt: Ja, das ist es!

Eine Tragödie, wenn niemand den Interpreten kennt oder man den Titel nicht aussprechen kann. Stellen Sie sich vor, wie Sie dem netten, geduldigen Verkäufer aus der Erinnerung irgendwelche schiefen Tonkombinationen vorsingen, dabei hilflos lächeln und hoffen, dass niemand im Laden Sie kennt. Sie machen auf jeden Fall dem Verkäufer einen schönen Abend – am Stammtisch werden sich alle auf Ihre Kosten amüsieren, wenn er die Geschichte erzählt. (Werden Sie ja aber nie erfahren!)

Die Mühe lohnt sich jedoch – denn nichts ist schöner als die Erinnerung an viele glückliche Stunden, die Sie mit diesem Lied verbinden. Sogar in ausweglosen Situationen (die Schwiegermutter steht unangemeldet mit gepackten Koffern vor Ihrer Tür und möchte gerne mal sechs Wochen bleiben!) kann sich die Himmelspforte öffnen, wenn plötzlich Ihre Melodie aus dem kleinen Küchenradio quäkt! By the way: Wenn Sie einen Titel suchen, nehmen Sie auf jeden Fall einen Klassiker. Die werden auch in 20 Jahren noch gespielt! Britney Spears mit »Oops, I did it again« kann auf dumme Gedanken bringen und im »besten« Fall in zwei Jahren von allen Playlists verbannt sein.

Gerechtigkeit muss sein! Manche Lieder gehören einfach irgendwann in die Tonne.

Nun wäre ich nicht ich, wenn ich dieses Problem und seine Lösung dem Zufall oder sogar meinem Liebsten überlassen hätte (ich war mir noch nicht ganz sicher, was seinen Musikgeschmack in Sachen Britney Spears angeht!). Also hörte ich gelegentlich mal meine CDs durch, auf der Suche nach einem geeigneten Song. Um ihm dann, völlig spontan, bei einem romantischen Essen in meiner Küche dieses Lied zum Dessert unterzujubeln. Mit leuchtenden Augen würde ich dann entrückt und entzückt flöten: »Hör mal, Schatz. Sie spielen unser Lied.« Er würde nicht genau wissen, um was es geht, aber aus Sorge, irgendwann mal irgendwas verpeilt zu haben, natürlich nicht widersprechen. Sie finden, ich habe einen Knall? Sie haben Recht!

Das erste Selbstgekochte

Ich sag's ja nicht gern – aber ich kann nicht kochen! Gar nicht! Also, ich habe natürlich so zwei, drei Standardrezepte: nämlich Spaghetti, Penne und Rigatoni mit zufällig zusammengekochter Sauce. Und immer meine ich, dass sie nicht professionell schmeckt. Nicht wie die Sauce einer erwachsenen Frau, die kochen kann ... Sie müssen sich das so vorstellen: Ich erwarte Besuch. Ich habe gern Besuch an meinem großen, weißen Holztisch, zwölf nette Menschen, die mit mir feiern und Spaß haben.

Selbstverständlich kann sich jeder darauf verlassen, dass er nicht hungrig nach Hause gehen wird. Ich gelte in der Stadt als eine der entspanntesten Gastgeberinnen. Und das kann man wohl auch sein, wenn man die Küche nur zum Getränkeabstellen und Wasserheißmachen benutzt. Denn mein großes Geheimnis ist mein inniges Verhältnis zu allen italienischen Gastronomen rund um meine Wohnung. Ich rufe an, bestelle, bringe natürlich meine eigenen Töpfe mit (ich bin ja nicht blöd!) und trage die fertigen Saucen nach Hause. Selbstverständlich sorge ich für Auswahl: Steinpilz-Rindfleisch-Sahnesauce, Gorgonzola-Spinat-Sauce und eine Tomaten-Schafskäse-Sauce. Sie sollten mal hören, wie es meinen Gästen schmeckt und welchen Unsinn ich erzähle, wenn jemand nach dem Rezept fragt.

Dazu gibt's Oliven (Glas aufschrauben und in ein Schälchen umfüllen), Salat (ich schwöre, ich schnippel selber) und dann natürlich frisches Brot aus dem Backofen. Dazu eisgekühlter Landwein – perfekt!

Ich bin so gut – eine erwachsene Frau, die die Küche virtuos beherrscht. Vielleicht sollte ich an dieser Stelle kurz erwähnen, dass ich auch durchaus eine funktionierende, mit den besten Geräten ausgestattete Küche habe! Allein die Anschaffung meines schweineteuren Herdes ließ mich hoffen, irgendwann so motiviert zu sein, dass ich das Kochen quasi von alleine lerne. Ich habe mich geirrt. Ich bin immer noch nicht Mary Poppins. Zu meiner Ehrenrettung: Ich begreife den Herd auch nicht und habe die Bedienungsanleitung verbummelt. Um Sie in unsere Familiengeheimnisse einzuweihen: Mein Vater und ich haben anschließend den gleichen Herd für meine Mutter gekauft, in der Hoffnung, dass wenigstens sie die Bedienungsanleitung liest und versteht. Sie kann's jetzt, hat's voll drauf, ich glaube, es gibt nichts, was sie mit diesem Herd nicht schafft. Allerdings ist dieses Wissen bis jetzt nicht zu mir vorgedrungen. Ich weiß aber inzwischen, wie man die integrierte Mikrowelle anstellt und wie man die Herdplatten einschaltet. Aber schon beim Backofen versage ich.

So, sie kennen jetzt die Voraussetzungen. Wir waren nun etwa vier Wochen zusammen – in diesen knapp 30 Tagen hatte ich es geschafft, immer mit meinem Liebsten essen zu gehen. Ich verkaufte ihm jede Imbissbude als den romantischsten Ort der Stadt und wollte mit ihm eine kulinarische Weltreise unternehmen. Aber dann, eines Tages, reichte es ihm, und er flötete: »Schatz, lass uns doch mal zu Hause essen. Ich komme um acht. Egal was du zauberst, ich werde es lieben.«

Kein Mann der Welt kann mich so sehr lieben, dass er das essen möchte, was ich koche. Und vor allem kommentarlos!

Kurzfristig setzte mein Herzschlag aus, ich bekam meine berühmte Schnappatmung und dachte an eine bühnenreife Ohnmacht. Es musste doch einen Weg geben, kurzfristig auszufallen: »Ooooooohhhh, tut uns aber Leid. Ist die Köchin gerade blitzartig verstorben.«

Das Problem ist, dass ich einfach weiß, wie's anders gehen kann: elegant, souverän, geschmeidig, ohne viel Tamtam und dennoch mit der größten Wirkung. Waren Sie schon einmal bei einem Don Juan italienischer Abstammung zu einem Rendezvous bei Kerzenschein und selbst gekochten Köstlichkeiten bei ihm zu Hause eingeladen? Ich schon. Er sah atemberaubend aus, weißes Hemd über der Jeans, am Gürtel lässig das Designer-Küchenhandtuch, barfuß, perfekte Lichtatmosphäre, selbstverständlich schon Stunden vorher dekantierter Rotwein, Jahrgang 1995, Blumendekorationen – unaufdringlich und so selbstverständlich wie auf einer Sommerwiese blühend.

Nebenbei kochte er so lecker wie Tim Mälzer. Die Küche sah hinterher aus wie vorher, jedes Gericht war auf den Punkt, leicht und perfekt. Jedes einzelne Kräuterlein war herauszuschmecken in geradezu sinnlicher Perfektion. Und jetzt ich! »Kann ich dir helfen?« Achtung! Fehler! Ganz falsche Frage! »Ach, du könntest den Ingwer schneiden«, während er mir das Rotweinglas reichte, mir tief in die Augen schaute und ich kurz davor war, mir schon vor dem Essen meine Bluse vom Leib zu reißen!

Ich schwöre, sooo war's. Und dann kam der Ingwer. Das Messer, das Brettchen und ich! Ich versuchte, möglichst lässig zu fragen, wie ich denn um Himmels willen diesen Ingwer schneiden sollte. (Sie ahnen vielleicht, wie peinlich allein diese Frage war angesichts der hollywoodreifen Filmszene, in der ich mich gerade befand.) »Wie brauchst'n den?«

Er flüsterte fast: »Ganz kleine Würfelchen, meine Schöne.«
Okay, ich bemühte mich wirklich. Es floss kein Blut, und der
Ingwer wurde zercrasht wie Cocktail-Eis. Mir fehlte wohl
der nötige Respekt vor der sinnlichen Einzigartigkeit dieser
Frucht – oder ist es ein Gemüse? Er sah milde und geduldig
zu, bis er das letzte Stück Ingwer vor meiner Zerstörungs-
wut rettete und binnen 18 Sekunden die Würfelchen so fa-
brizierte, wie er sie brauchte. Auch das Dinner war denk-
würdig: Während ich munter drauflosplauderte, unterbrach
er mich gelegentlich mit einem hingehauchten »Spürst du
auch dieses besondere Aroma des Olivenöls – extra aus Ita-
lien, nur für dich.« Ja, das Öl war lecker und schlabberte mir
um den Mund. Auch die Konversation war genauso speziell
und forderte mich heraus: Er fragte nach meinen literari-
schen Vorlieben, welche Oper mir die liebste sei und was ich
von Filmen wie »Eyes Wide Shut« hielt (redaktionelle Anmerkung: hocherotische Filmkunst – andere würden Porno
sagen).

Er konnte himmlisch küssen – aber dabei ist es geblieben.
Ich war ihm zu anstrengend. Komisch!

So, ich hatte also eine Vorgabe in meinem Kopf – ich sah
mich und den italienischen Don Juan in meiner Erinnerung –
und verzweifelte noch mehr!

Mutter! Jörg! Sabrina! Wer kann noch kochen? Kerstin!
Auf Ronja konnte ich in diesem Fall verzichten, die kann
nur das, was ich auch kann: nichts! Ebenso wie auf meine
Analytikerin Frau S., weil ich mich nicht getraut hätte, sie
nach einem guten, einfachen Rezept zu fragen. Sie hätte
mich möglicherweise sofort als »austherapiert« entlassen.

Natürlich wär's am einfachsten gewesen, meinen Lieb-
lingsitaliener zu bequatschen, aber ich wollte meine junge
Beziehung nicht mit einer derartigen Lüge starten!

Also ging ich neue Wege. Der erste Anruf galt meiner Mutter (Sie erinnern sich, dass sie wenigstens den Herd bedienen konnte!): »Mama, wenn du irgendwann Enkelkinder haben möchtest, dann setz jetzt deinen Hintern in Bewegung!« Bei Jörg war's einfachen: »Schöner, du bist doch der Größte. Deine Schaumsüppchen von Topinambur mit Weinbergschnecken und Kalbsbries (Bäääähh – hat er mal Silvester gemacht!) sind doch unschlagbar.« Ich meine, wer so was kochen kann, sollte auch ein paar Nudeln draufhaben, oder?

Sabrina brauchte ich auch noch: Sie kannte die besten Nachspeisen – verführerisch und sexy. Pure Erotik und Sinneslust. Ich sah mich schon nackt vorm Kühlschrank sitzen und die Reste aus der Schüssel von seinem Finger ablecken ... Mein Leben könnte so schön sein. Allerdings war's bis dahin noch ein weiter Weg.

Na ja, und Kerstin, die dreifache Mutter, ist natürlich in der Lage, nicht nur alles kochen zu können, sondern auch jedes Küchenchaos sofort zu beseitigen. Und ich? Ich musste schließlich alles delegieren und fühlte mich nur für die Atmosphäre verantwortlich: Kerzen, richtige Musik und Duftlampe mit einer leicht aphrodisierenden Wirkung.

Mama hörte sofort die Hochzeitsglocken läuten und sah sich schon mit der Schwiegerfamilie unterm Weihnachtsbaum sitzen. »Gott, mein Kind will kochen! Es muss was Ernstes sein.« Die Frage war nur: WAS wollten wir kochen??

Hm, ich wusste es auch nicht. Mich in Sachen Essen zu fragen war ohnehin komplett unnötig. Ich hatte zu diesem Zeitpunkt meiner Beziehung nie Hunger. Zum Glück funktionierte das Team, das ich zusammengestellt hatte. Es entbrannte nur ein kurzfristiger Streit bei der Frage, wer was kochen sollte. Meine Mutter bestand auf die Hauptspeise, die aber auch Jörg, der Schaumsüppchen-König, gerne gezaubert hätte. Mama gewann – sie gewinnt immer! Mir blieb nur noch, darum zu bitten, keine Sterneküche zu fabrizieren. Das hielt ich an dieser Stelle echt für unglaubwürdig.

Also blieb für Jörg die Vorspeise, Mama kümmerte sich um den Hauptgang, Sabrina steuerte eine ihrer köstlichen Nachtischvariationen bei, und Kerstin räumte, räumte, räumte und putzte, putze, putzte … Um es kurz zu machen: Um zehn vor acht war das Drei-Gänge-Menü quasi fertig, brodelte in meinen Töpfen, meine Lieben waren verschwunden und ich nur noch für das »Finishing« zuständig: abgießen, anrichten, Petersilie werfen, auftischen. Nur zur Vollständigkeit: Es gab als Vorspeise Salat von Vollkorn-Gemüse-Maultaschen und marinierten Steinpilzen (Zubereitungszeit ca. 50 Minuten), dann Zanderfilet in Gemüse-Kartoffel-Mantel auf jungen Zwiebeln und Flusskrebsen (Zubereitungszeit: eine Stunde! Mama, natürlich!) und als Nachtisch ein simples Birnen-Sorbet mit gefüllten Birnenpralinen (2728 Kalorien!).

Ich kann sagen, ich war von mir beeindruckt. Er auch! Sogar der Wein (Jörg, ich liebe dich!) passte perfekt. Das Essen lief wie geschmiert – und mein Liebster belohnte mich für die in meinen Augen bestandene Prüfung mit sehr viel Zärtlichkeit. Ich fühlte mich auf einmal Schwiegermutter-vorführtauglich und Kinder-großzieh-geeignet. Liebe geht bekanntlich durch den Magen.

Natürlich war's keine wirkliche Prüfung, an so was dachte er ja gar nicht. Er wollte ja einfach nur bei mir essen und wäre auch mit einer Tiefkühlpizza glücklich gewesen! Aber ich habe daraus mal wieder einen gigantischen Akt gemacht, weil ich in Sachen Beziehung nun mal so bin: neurotisch, hysterisch und einfach nur bekloppt – aber das dürften Sie inzwischen sowieso schon gemerkt haben!

Das Nachspiel begann am nächsten Morgen bei einem einfachen Rührei, das übrigens tatsächlich ich ganz alleine irgendwie zustande bekommen habe. »Süße, das war ganz große Kunst gestern.« Ich wurde rot, weil ich an die akrobatischen Turnübungen in meinem Schlafzimmer dachte. »Ich habe selten so gut gegessen.« Ach so! Das Gespräch lief in die falsche Richtung. Mit der Schlinge um den Hals rutschte mir ein »Ach, war doch gar nichts Besonderes« heraus – ich kleine Möchtegernhausfrau, ich!

»Nee, ganz im Ernst. War echt superlecker. Ich kann ja gar nicht kochen...« So so, nicht kochen, also gar nicht, hm... »Ich möchte gerne dein Schüler sein. Also nicht gleich so kompliziert, vielleicht fangen wir mit einer einfachen Nudel mit Bolognese an. Bring es mir bei!«

Sie können sich vielleicht ein bisschen vorstellen, wie sehr ich in der Klemme war. Ich fütterte ihn erst mal noch mit meinem ach so köstlichen Fünf-Sterne-Rührei und lächelte. Ich musste Zeit gewinnen. Ich lächelte besonders nett. Wie einfach ein »Ich kann nicht kochen« aus einem Mund perlen kann. Nur dummerweise war's seiner und nicht meiner.

Ich schlich aufs Klo und rief Sabrina an. Bei ihren Erfahrungen wusste sie vielleicht eine Lösung. Sie lachte. »Jetzt sitzt du ganz schön in der Patsche, was? Na, da komm mal schön alleine wieder raus, Miss Mary Poppins. Ich habe mir gestern übrigens eine prima Brandblase geholt an deinem supermodernen Kackherd!«

Ich versuchte, die Situation irgendwie hinauszuzögern. Vielleicht geschah ja ein Wunder, und ich konnte über Nacht Kochbücher schreiben. Ich hörte in mich hinein. Nichts. Leere.

»Ich möchte von Anfang an dabei sein. Lass uns einkaufen gehen, damit ich weiß, wie viel man von allem braucht.«

Er riss mich aus meinen »Alles-wird-wieder-gut-Träumen«.
Ja, einkaufen. Prima. Wir gingen zum Türken an die Ecke.
Der hatte immer alles, vor allem Verständnis und nicht ge-
nügend Deutschkenntnisse, sodass er meinen gestammelten
Unsinn als durchaus korrekte Bestellung für die Zutaten
einer Bolognesesauce hielt.

Ich muss der guten Ordnung halber erklären, dass ich definitiv nicht weiß, wie viel von welchen Zutaten in eine Bolognese kommt. Ich habe weder Ahnung von Kräutern noch
von Fleischsorten, geschweige denn vom Zubereiten. Also
stand ich beim Türken und bestellte sicherheitshalber ein
Kilo Knoblauch. Da konnte ich nichts falsch machen. Der
türkische Berliner fragte daraufhin: »Vampire?« Ich nahm
die Farbe seiner Biotomaten an, von denen ich auch gleich
mal so vier Stauden bestellte. »Biotomaten sind teuer«, flüsterte mein Liebster in mein Ohr. Ich stammelte: »Aber gesund!« und hoffte, dass sich jetzt endlich die Erde unter meinen Füßen öffnete. Kurz und gut: Der Türke machte mit
uns das Geschäft seines Lebens, und wir hätten halb Istan-
bul bekochen können.

Wir trugen unsere Schätze nach Hause. Während er an
meinem Küchentisch mit meinem stumpfesten Messer
(meine Messer sind alle stumpf – ich bitte Sie, ich koche
doch nie!) den Knoblauch zerhackte und die Tomaten zer-
manschte, stand ich am Herd und tat so, als hätte ich zumindest die Spur einer Ahnung, was ich da tat. Ich versuchte wie eine Mischung aus Mutter Beimer und einem
Playboy-Bunny mit Schürze zu wirken. Ich musste dem
Schicksal ins Auge sehen und wusste: Da musst du jetzt
ganz alleine durch, du Huhn ohne Federn, ohne Anstand
und ohne Kochkünste.

Ich gebe zu, ich hatte am Abend vorher so aufgetrumpft,

dass er allen meinen ungelenken Bewegungen folgte wie ein Jünger seinem Guru – er hielt mich einfach für eine Küchengöttin. Ausgerechnet das Oregano-Glas lächelte mich verheißungsvoll an – ich schüttete es komplett in das Gematsche aus Fleisch, Tomaten und Knoblauch und war mir sicher, genau solche Kräuter in ähnlichen Saucen in diesen Mengen schon gesehen zu haben. Ein fataler Irrtum. Es schmeckte scheußlich. Mir zumindest. Ihm anscheinend nicht. Hatte er einen Kuhmagen, dem man nichts antun konnte? Nein, er war einfach nur verliebt. Vielleicht auch ein bisschen höflich. Auf jeden Fall aß er die Bolognese auf und lobte erneut meine Kochkunst.

So viel Opferbereitschaft hielt ich nicht länger aus. Ich gestand. Alles. Unter Tränen, die wirkungsvoll in der Zewa-Küchenrolle landeten. Glauben Sie's oder nicht: Er fand mich daraufhin noch toller. Ich sei so irre kreativ. Und hätte so tolle Freunde.

Und wir haben uns fest vorgenommen, einmal in der Woche zusammen zu kochen. Zumindest kochen zu üben. Mit Kochbuch und viel Spaß. Manchmal schmeckt's auch. Und diese Episode in meinem Leben hat sogar eine Moral: Nicht nur, dass Freunde das Wichtigste sind, sondern dass es toll ist, mit seinem Partner gemeinsam Dinge zu entdecken und zu lernen. Boa ey!

Die halbe Stadt weiß es!

Also – nicht dass ich eine Tratsche bin. Aber wenn ich verliebt bin, also so richtig verliebt, dann rede ich. Viel, lange und ausführlich. Auch gerne mit jedem. Sie wissen, was ich meine: Ich rufe alle meine Freundinnen in alphabetischer Reihenfolge an, meine Mutter, meine Analytikerin – und alle anderen erfahren es persönlich. Die Frau am Kiosk, im Blumenladen, der Taxifahrer und die Tochter meines Friseurs. »Guten Tag, ich bin verliebt. Und er ist so toll. Selbstständig, erfolgreich, selbstverständlich gut aussehend. Ich gebe mir alle Mühe der Welt, hach, ich finde einfach keinen Haken. Noch nicht. Er schnarcht nicht, kann ohne Schmatzen Nahrung zu sich nehmen, schreibt fehlerfreie SMSen! Und küssen kann der…« Und wenn Frau Müller, meine Nachbarin, noch ein paar Minütchen mehr Zeit gehabt hätte…

Eins ist klar: Wenn er wüsste, dass ich so viel rede, wäre ich reif für das Sauerstoffzelt. Aber er würde es nicht erfahren. Wie denn? Also plapperte ich den ganzen Tag über ihn und mich wie ein Vögelchen am frühen Morgen.

Das ist bei Sabrina anders. Man weiß ja nie, wie lange eine Beziehung bei ihr hält. Klar redet sie auch – aber natürlich nur auf neutralem Gebiet. Ihre besten Freundinnen wissen davon, aber schon in ihrem Lieblingsrestaurant gilt sie immer noch als Single. Das alles, damit der männliche »Fanclub« auf jeden Fall bei der Stange bleibt. Denn wie bei jeder langjährigen Single-Frau hat sich auch bei ihr so einiges angesammelt an Telefonnummern von attraktiven Männern, auf die sie jederzeit gern mal zurückgreifen kann. Was soll man schon allein am Abend z. B. in München, wenn der Job erledigt ist? Dafür hat sie Johannes, unter »M« wie München gespeichert. An die Gespräche kann sie sich im Nachhinein nicht wirklich erinnern, aber an eisgekühlten Champus und Spaß in jeglicher Hinsicht. Bei Johannes bediene sie sich »à la carte«, erklärte sie mir lachend. Und deshalb sei auch nichts dagegen einzuwenden, gelegentlich mal »Paar zu spielen« – ansonsten lebt jeder sein eigenes Ding. Und sie würde auch einen Teufel tun, seine Nummer zu löschen, auch wenn sie gerade mal so etwas wie eine Beziehung hat. Denn für sie gelten nur ihre eigenen Regeln.

Handelt es sich bei einem eventuellen »Projekt« tatsächlich um Liebe oder das, was sie darunter versteht, erwartet sie von ihm allerdings absolute Loyalität. (Versprechen könnte sie dies im Gegenzug auch, allerdings bleiben Zweifel, ob sie sich tatsächlich auch daran halten würde. Ihren Handycode kennt er ja nicht!)

Sabrinas Neuer muss an seinen weiblichen Bekanntenkreis eine Rundmail schicken mit dem launigen Vermerk: Löscht meine Nummer, ich bin verliebt! Sie macht das etwas anders, und es ist jedes Mal eine große Freude, ihr am Telefon dabei zuzuhören, wenn einer ihrer Verehrer anruft und mal wieder nach einem Date fragt: Du, äh… ich kann jetzt erstmal nicht. Nojaaa, ist so eine kleine Veränderung… Ach, ich weiß noch nicht so genau… Lass uns doch in zwei Wochen noch mal telefonieren… Okay, tschüss. Klar fehlst du mir auch, Baby!« Ja, das ist fies.

Ich bin da natürlich anders, konsequenter, aber dass wissen Sie ja schon.

Meine Freundin Kerstin ist da eher so wie ich. Sie ist auch frisch verliebt. Wie passend. Wir quatschen uns beide rund um die Uhr besoffen! Herrlich. Keine hört der anderen zu, und jede weiß doch alles und ist furchtbar glücklich! Kerstin hat mir gleich zur besseren Veranschaulichung ein Foto von ihm in die Mitte des Tisches gelegt und losgeredet. Zwei Stunden lang. Wie kann man eigentlich über jemanden, den man erst drei Wochen kennt, zwei Stunden reden?! Doch, doch, das geht. Vor allem, weil ich mich sooooo wiedergefunden hab. »Ja, wie bei mir! Genau so ist es! Ich könnte es nicht besser sagen!«

Peinlich war's, als Besagter durch ihre Wohnungstür schneite (mit eigenem Schlüssel!, nach drei Wochen, natürlich!) und sich zwanglos mit einer Tasse Kaffee zu uns gesellte. Schluck. Auf dem Tisch das Foto! Und wie lange hatte er uns schon zugehört? Egal, ich hatte die Situation voll im Griff. »Ah, so siehst du in natura also aus! Das ist übrigens das Einzige, was mir an Information noch fehlte. Ansonsten, mein Lieber, weiß ich alles.«

Ich fand mich irre cool. Dieser Zustand änderte sich abrupt ungefähr drei Stunden später, als ich Hand in Hand mit meinem Liebsten auf dem Weg ins Kino auf der Straße Jörg traf, meinen schwulen Freund. Jörg war klasse und begrüßte »Mr. Right« wie einen alten Kumpel. Ich muss an dieser Stelle bemerken: Die beiden hatten sich noch nie vorher getroffen. »Ach, du bist es! Ach, und du hast diese Firma? Ach, und wie fährt das neue Auto? Ach, du sach mal, und das mit deiner Ex… Das geht doch wirklich nicht!«

Super, sehr schön. Ich sage ja: Sauerstoffzelt! Ich wurde rot und grün und gelb und weiß, ich glaube, auch blau (jedenfalls hätte ich mir jetzt gerne einen kleinen Schnaps hinter die Binde gegossen). Jörg quatschte in einer Tour und reagierte überhaupt nicht auf meine panischen Blicke. Konnte er sich denn nicht vorstellen, wie peinlich es mir sein könnte, dass mein Liebster merkt, wie viel ich so den lieben langen Tag von ihm erzählte? Offensichtlich konnte Jörg es mir nicht ansehen. Vielleicht lag's auch an meiner bereits eingetretenen Leichenstarre. In diesem Moment hasste ich Jörg. Aber auch ein bisschen mich und meine Geschwätzigkeit. Extrem unangenehm.

Tja, Kino ... Zum Glück muss man da nicht zwingend reden. Wir haben Jörgs Auftritt und mein Versagen, die Klappe zu halten und nicht gleich jedes Detail weiterzuplappern, nicht kommentiert.

Als wir zu Hause ankamen, trafen wir Frau Müller, Sie wissen schon, meine Nachbarin. »Ach«, sagte sie (ich hasste inzwischen das Wort »ach« und ahnte nichts Gutes). »Sie sollen ja auch so ein schönes Zuhause haben!« Ich wiederholte das Farbspiel vom Nachmittag und kündigte an, mal dringend auf die 17 zu müssen. »Nacht, Frau Müller. Ja, Ihnen auch einen schönen Abend.«

Mein Liebster hatte vorübergehend seine Sprache verloren.

Und wenn ich jetzt Frau Müller treffe, grüße ich nur noch höflich.

Der Grund für diese Geschwätzigkeit ist natürlich auch biologisch – ich kann also eigentlich nichts dafür. Reden ist für uns Frauen mehr als Kommunikation und simpler Austausch von Fakten – wir erweitern unseren Erfahrungsschatz und Bekanntenkreis, pflegen Kontakte, loben, preisen und denken auch gerne mal laut.

Im Grunde ist doch jede von uns Schwestern eine verkappte Psychotherapeutin (Wofür brauche ich da eigentlich noch meine Analytikerin Frau S.?)

Weibchen oder nicht Weibchen

Die Männer haben's heute schwer – die Zentralverriegelung hat ihnen vieles versaut. Autotüren springen inzwischen fast von allein auf – wer soll da noch höflich sein können und der Dame seines Herzens die Wagentür aufhalten? Dabei sagt es doch so viel über den Mann aus. Die ersten Treffen finden nun mal draußen statt und nicht direkt im Bett, und da sieht man gleich ganz genau: Ist er höflich oder unbeholfen, prallt man in jeder Tür fast zusammen, weil er nicht weiß, ob er sie aufhalten, als Erster durchgehen oder ihr den Vortritt lassen soll? Und das hat nichts mit Selbstbewusstsein, Emanzipation oder irgendwelchen Diskussionen um starke Frauen zu tun. Ich habe da eine klare Meinung: Ein Mann ist ein Mann, und eine Frau ist eine Frau. Deshalb mag ich es sehr, wenn er mir die Tür aufhält, obwohl ich in der Lage bin, mich und Ella allein zu ernähren.

Es verschieben sich doch trotz allem nicht die Basics im Leben: Nur weil ich eine so genannte starke Frau bin (was sagt das schon?), bekommt er doch noch nicht die Kinder. Und nur weil ich arbeite, heißt das noch lange nicht, dass ich mir von ihm die Tür an den Kopf knallen lasse!

Was also tun, wenn er kein »Türaufhalter-Typ« ist?

»Da kannste nix machen«, meint meine weltoffene und sehr erfahrene Freundin Sabrina: »Männer hassen es, gemaßregelt zu werden, und Frauen lieben es zu maßregeln, Dinge zu beobachten, zu erklären, zu analysieren und dann zu sagen: Guck mal, ist doch ganz klar, so geht das … Männer wollen genau DAS nicht hören! Weil sie sich dann klein vorkommen, oder weil es sie einfach nur nervt. Ein Mann, der die Tür nicht von allein aufmacht, wird sie nie aufmachen!

Männer wollen auch nicht hören: »Nie bringst du mir Blumen mit!« Denn kauft er uns endlich Blumen, muss er sich den Nachsatz gefallen lassen: »Das hast du ja nur gemacht, weil ich es dir gesagt habe! So ist es doch!« Sabrina wusste, wovon sie sprach.

Also, wenn wir ganz ehrlich sind, haben Männer gegen uns keine Chance. Egal, was sie machen, sie machen's falsch. Weil wir so bekloppt sind. Er sagt: »Wow, heute siehst du toll aus!« Sie antwortet: »Ach, gestern also nicht? Ich hab übrigens neue Ohrringe, haste gar nicht gesehen«, wird sie wahrscheinlich schmollend hinzufügen. Er wäre nie enttäuscht, wenn wir seine neue Krawattennadel (würg!) nicht entdecken und würdigen würden!

Frauen erwarten immer alles, deshalb lieben sie ja Schwule: Du bist noch nicht zur Tür rein, da stöhnt er: »Ooooohhhh, aaahhhh, wo hast du DIESE Pumps her, Schatz?« Oder: »Du siehst ja 'nen Hammer aus. Wie heißt das Zeug?« Bei Schwulen bekommen wir immer sofort Feedback. (Auch wenn wir ihre unbarmherzige Wahrheit manchmal lieber nicht hätten hören wollen: »Gott, schmeiß den Pulli in die Humana-Tüte. Sofort!«)

Wir sind im tiefsten Herzen unsicher, trotz unserer Stärke: Sobald der Mann, den wir lieben, nix sagt, machen wir uns Gedanken! Er liebt uns vielleicht doch nicht mehr! Sabrina hat dafür eine glasklare Erklärung: »Klar liebt er dich noch. Aber Männer lassen sich ganz oft einfach gehen. Sie sind Eroberer. Die brennen nur, wenn es darum geht, uns zu bekommen. Sie haben in uns ein neues Stück Land gefunden. Sie knallen ihre Fahne drauf, sind aufgeregt, schreiben jedem eine SMS, messen das Land aus, gucken es sich noch ein bisschen verliebt an – und gut. Jetzt sind sie ja am Ziel. Und prompt sitzen sie bewegungslos im Schaukelstuhl auf der Veranda. Was macht eine Frau? Sie macht das Haus schön, hängt Gardinen auf, putzt, wäscht und verkitscht ihre vier Wände jeden Tag ein bisschen mehr.«

Für Männer ist das Thema »Balzen und Werben« irgendwann einfach abgehakt, Alltag halt, und die Frau an ihrer Seite ist jetzt eben die Frau an ihrer Seite. Punkt. Während wir jeden Tag aufs Neue hören wollen, wie frühlingshaft schön unsere Beziehung ist. Männer kriegen wahrscheinlich nur deshalb keine Kinder, weil sie einfach keine neun Monate Ausdauer haben.« So jedenfalls sieht es Sabrina und macht das Beste draus: Sie nimmt die Männer, wie sie sind, und kauft die Ohrringe, um sich zu gefallen, und nicht, damit er sie bemerkt.

Warum erzähle ich Ihnen das jetzt alles: wahrscheinlich, um nicht selber daran zu verzweifeln oder gar zu zerbrechen, sogar die Beziehung in Frage zu stellen – nur weil er nach drei Wochen, einer lächerlich kurzen Zeit, meine neue Jeans nicht gesehen hat. (Und dabei hat sie 280 Euro gekostet – irgendwo hört der Spaß aber wirklich auf!) Nur weil er so im Stress war, dass er mir die Tür nicht aufgehalten und mir wieder mal kein Feuer gegeben hat. Und dabei würde ich Weibchen das so schön finden. Aber das ist wohl nur der Zuckerguss einer Beziehung. Und zu viel Zucker macht fett und ist schlecht für die Zähne.

Und wenn ich ehrlich bin, sagt er mir ab und zu, dass ihm gefällt, was er sieht. Und das ist wirklich schon viel Liebeserklärung von einem Eroberer. Was will ich eigentlich mehr?

Zu seiner großen Verwirrung wollte ich wiederum, dass er gelegentlich akzeptierte, dass ich meinen Koffer sieben Jahre auch allein getragen, dass ich sieben Jahre lang selber den Weg zum Flughafen oder zur Bahn gefunden habe und auch immer in der Lage war, mir ganz allein ein Taxi zu bestellen.

Auch die Autopflege lag bislang in meiner Hand. Wobei die mich nicht wirklich interessiert und deshalb auch ausgesprochen selten stattfindet. Aber ich hätte es getan, wenn ich es hätte tun wollen! Und nun kam er, zog eine Augenbraue hoch, nur weil da noch die Schlittschuhe vom letzten Winter hinten drinlagen, und philosophierte über den Zustand des Lacks! Mein Gott, die paar Roststellen und Kratzer, die sieht doch kein Mensch. Und wen's stört, der soll halt wegducken.

»Gib mal den Schlüssel, ich kümmere mich darum«, sagte er, und ich verspürte nervöses Herzkammerflimmern. Spinn ich? Wo bitte blieb die Augenhöhe? Hatte er denn gar keinen Respekt vor meiner Lebensleistung? Wieso behandelt er mich wie ein Kleinkind, dessen Laufställchen mal dringend ausgesaugt werden sollte? Machten die Schlittschuhe auf meinem Rücksitz vielleicht Sinn? Hä? Hatte ich mir vielleicht was dabei gedacht? Konnte doch sein, dass es im Mai noch mal frieren würde oder ich einfach elf Monate keine Zeit gehabt hatte, sie wegzuräumen. Das war doch auch alles egal! Ich fand's schön so. Ende.

Während ich das alles dachte, gab ich ihm meinen Autoschlüssel, ohne auch nur ein einziges Wort zu sagen. Ich war schlau, lächelte weibchengleich und freute mich auf ein Auto in tadellosem Zustand. Außerdem weiß ich eins ganz genau: Bei Männern ist das Auto das Symbol der Liebe. Und ich akzeptiere, dass jeder Kratzer im Lack für ihn einen emotionalen Totalschaden bedeutet.

Ich entschied, dass ich ihm ein gutes Gefühl gäbe, wenn ich es großzügig zuließe, dass er sich um mich und mein Auto kümmern dürfe. Ich spielte also Weibchen. Erschreckenderweise gelang es mir sogar ganz gut. Wahrscheinlich, weil es mir auch gefiel. Und wenn ich vom Auto mal absehe, mag ich es, mich von solch lästigen Aufgaben befreien zu lassen. Eine einfache Regel: Der Mann ist der Mann, und die Frau ist die Frau.

Weibchen oder nicht Weibchen – war das tatsächlich für mich noch die Frage?

Hilfe, er war beim Friseur

Jetzt waren wir schon zwei Wochen zusammen. Und ich hatte das Gefühl, ihn ewig zu kennen. War es nicht herrlich, dass wir ganz häufig zum gleichen Zeitpunkt das Gleiche sagten. Wenn ich ihm gerade eine SMS schreiben wollte, kam seine. Das konnte doch nur Schicksal sein, oder Fügung. Wahrscheinlich sind wir seelenverwandt, kennen uns aus einem anderen Leben. Wenn ich die Augen schloss, sah ich ihn genau vor mir. Seine braunen Augen, sein Lächeln, wie seine lustigen Locken sein Gesicht sanft umschmeichelten. Huch, jetzt klingelte es an der Tür. Liebster, ich eile… Dann stand er oben, und die Platte hatte 'nen Sprung. AAA-AAAAAHHHHH… Er war beim Friseur gewesen!

Er nahm mich in den Arm, wie immer, und doch war jetzt alles anders. ANDERS! Wo waren denn bitte seine Locken geblieben? Und was war das für ein albernes Geschmiere in seinen Resthaaren? Nach den ersten Schocksekunden konnte ich sogar wieder sprechen. Und sagte den sehr klugen Satz: »Du warst beim Friseur.« »Was? Ach so, ja. Sag mal, wollen wir Sushi essen gehen?« Dass Männer so sein können! Der ignoriert jetzt glatt meinen Kummer. Okay, von dem er ja noch gar nichts wusste: Er hatte sich, ohne mich zu fragen, die Haare abratzeln lassen und wollte so auch noch mit mir unter Leute gehen. Ich habe doch schließlich auch einen guten Ruf, und den hätte ich innerhalb von Sekunden verlieren können. Um es noch mal klipp und klar und deutlich zu sagen: In meinen Augen sah er jetzt einfach aus wie ein Teller bunte Knete. Gar nicht gut!

»Hallo, Erde an Kim…« Sah so aus, als sei ich mittlerweile zur Salzsäule erstarrt. Aber ich konnte nicht anders. Ich bin so. Hochgradig neurotisch. Meine Analytikerin Frau S. bekommt verdammt viel Geld dafür, dass sie das da wegmacht. Wieso war die nicht hier, wo ich sie so nötig brauchte? Kann sein, dass sie jetzt was von »noch nicht gefestigt, haben sich noch nicht für die Beziehung entschieden« gesagt hätte. Gut, sie hätte Recht gehabt. Aber musste denn dieser Mann bei mir im Flur nach nur knapp drei Wochen seine komplette Identität wechseln?

»Wo warst du?«, fragte ich.

»Na im Büro. Dann war ich mit dem Auto kurz in der Werkstatt. Wieso?«

»Mann, wer hat dir und mir das angetan?«

Ich begann zu hyperventilieren und schaltete einen Gang runter. »Ich wollte wissen, bei welchem Friseur du warst.«

»Ach so. Enrico.«

»WAS? Du gehst zu Enrico? Und was hat das gekostet?«

»Reg dich nicht so auf! Ich hab's doch bezahlt. Gut, ist 'n bisschen teurer, dafür gibt's aber auch immer diesen leckeren Thunfischdip. Und die Haare sind schön kurz, muss also nicht so oft hinrennen.«

Gerne hätte ich ihm gesagt, dass er aussah wie ein Hammel nach der Schur – aber erstens kannte ich ihn so gut nun auch noch nicht, dass ich mich das getraut hätte, und zweitens wusste ich, dass ich so oder so schon längst meine Grenze überschritten hatte. »Sag 's, wie viel?«

»65 oder so.«

»EURO?«

»Ja. Lire nimmt der nicht, auch wenn er Enrico heißt. Hast

du heute zu heiß gebadet?« Sein Blick wurde etwas unruhig. Wahrscheinlich fand er mich gerade genauso befremdlich wie ich ihn.

Okay, er hatte mein Problem erkannt. »Jetzt stell dich nicht so an, wächst doch wieder. Und in der Zwischenzeit kannst du mich küssen. Dabei machst du doch eh die Augen zu.«

Während ich ihn küsste, dachte ich noch mal kurz über die 65 Euro nach, selbst Udo Walz, Berlins regierender Friseurmeister und Guru aller Jetset-Hühner, nimmt nur 35 Euro für einen Männerhaarschnitt.

Gut, nun ist der zweitwichtigste Mann im Leben einer heterosexuellen Frau ohne Zweifel ihr Friseur. Ihm muss sie blind vertrauen – seinem Geschmack, seinem Talent, seinem Gespür für Takt, Diskretion und als sprudelnde Informationszentrale. Wer ist in der Stadt, wer mit wem, wann und warum, wer mit wem nicht mehr und warum, wer ist in, wer out, wer möchte in sein und ist nur peinlich, mit wem muss man gesehen werden und mit wem auf gar keinen Fall? Ich sage Ihnen jetzt, wie es ist: All das interessiert mich nicht die Bohne, aber erklärt natürlich seinen Preis!

Also musste ich mir doch jetzt zwangsläufig die Frage stellen, wie viel weibliches Potential in meinem Liebsten steckt. Wenn er zum teuersten Friseur der Stadt geht, muss er sehr interessiert sein am Innenleben der Berliner Gesellschaft. Wie sich später allerdings herausstellte, ist er einfach nur dahin gegangen, weil er zum ersten Mal richtig zufrieden war mit der Leistung eines Friseurs. Auch ein Mann will schön sein!

Ich guckte also noch mal genauer hin und stellte fest: Der Schnitt saß. Das Styling war perfekt. Irgendwie typgerecht. Es stand ihm! Die Blöde war ich.

Verändern Sie Ihre äußere Form in den ersten vier Wochen auf gar keinen Fall! Es ist dumm, albern und total überzogen, aber durchaus menschlich, auf solche Veränderungen sensibel und ungerecht zu reagieren. Wir brauchen ja sowieso Zeit, um uns an das Gesamtobjekt zu gewöhnen, und entdecken stets neue Facetten. Wenn er jetzt mit zwei Zentimeter kürzeren Haaren kommt, kann das zu großen Verunsicherungen führen. Männer sind da etwas unkomplizierter. Sie nehmen Veränderungen nicht zwangsläufig als Katastrophe wahr (zwei Jahre später nehmen sie sie gar nicht mehr wahr!) Einzige Ausnahme: Wenn Sie lange blonde Haare haben, wäre es äußerst unklug, sie in kurz und schwarz zu verwandeln. Es könnte ihn in tiefe Depressionen stürzen, weil er seit Mama einfach immer schon auf blond und lang konditioniert war! Möglicherweise ist er dann so schnell weg, wie er aufgetaucht ist!

Hat jemand unsere Freundin gesehen?

Ich habe eine Freundin, und die nervt mich im Moment extrem. Seit sie vor anderthalb Jahren Steffen kennen lernte, ist sie untergetaucht. Einfach nicht mehr zu sehen. Inzwischen wohnt sie bei ihm, arbeitet, kocht, wäscht für ihn und umtuddelt ihn – und wenn ich mal anrufe, hat sie mit Sicherheit gerade keine Zeit – wenn sie überhaupt ans Telefon geht. Die Krönung war die traditionelle Einladung zum Geburtstag meiner Mutter. Nichts Aufregendes. Nur ein Frühstück mit meinen Freundinnen, die im Laufe der Jahre wie ihre eigenen Kinder wurden. Um elf sollte es losgehen, um eins rief die fehlende, nervende Freundin an. »Süße, ich schaff's jetzt wirklich nicht«, hüstelte sie ins Telefon. Ich antwortete besorgt: »Oje, ist was passiert? Bist du krank?« »Ach nö, wir hatten's uns nur gerade ein bisschen sehr schön gemacht, wenn du verstehst, was ich meine…, deshalb klingt meine Stimme vielleicht etwas rauer… Gratulier deiner Mama mal von mir. Wir sehen uns nächstes Jahr!« Ich war nur noch sauer: Statt zu meiner Mutter zu kommen, ließ sie ihn kommen! Geschmacklos.

Natürlich machte ich daraus ein Tisch-Thema! Alle sollten teilhaben an meiner Entrüstung! Komischerweise war ich die Einzige, die schnauzte. Alle anderen guckten in die Luft oder sortierten die Brotkrumen auf dem Tisch. Bis Ronja meinte. »Schatz, wir wundern uns auch alle, dass du uns eingeladen hast! Dass du noch unsere Adressen und

Telefonnummern hast. Du bist doch auch seit Wochen nicht mehr zu erreichen.«

Tatsächlich. Wenn ich darüber nachdachte, lebte ich seit vier Wochen in einem Paralleluniversum. Ich schob alle Termine beiseite, organisierte mich komplett um, sagte alle lange im Voraus getroffenen Verabredungen mit Freundinnen ab und freute mich, mit ihm alleine zu sein. Ich wollte nur das. Mit ihm reden, essen, lachen und viele andere schöne Dinge tun, die der kleinen Kim 'ne Menge Freude und Spiel, Spaß und Spannung brachten. Selbstverständlich auch Entspannung.

Sprich – ich hatte im Grunde für niemanden mehr wirklich Zeit. Weder für meine Mutter noch für meine engsten Freundinnen Kerstin, Ronja, Jörg und Sabrina. Die einzige Ausnahme war meine Analytikerin Frau S. Für sie hatte ich Zeit, doch auch dort war er zwar nicht körperlich anwesend, aber Hauptgesprächsthema. Nein, er war das einzige Thema. Was auch viel Schönes hatte.

Ich war erschrocken. In erster Linie über mich. War ich nicht diejenige, die immer den Stab gebrochen hatte über die Plötzlich-Wir-Sagerinnen? Also Frauen, die nach langen Single-Jahren einen Partner haben und dann nur noch im Plural reden, denken, auftauchen. Entsetzlich. Und jetzt war ich auch so eine! Und das Schlimmste: ALLE meine Freunde hatten sich längst darüber ausgetauscht. Sie redeten, diskutierten, meckerten über MICH – und ich wusste nichts davon, habe nicht mal was gemerkt. Wie fies bin ich eigentlich? Wie egozentrisch, egomanisch, egoistisch, egolerrääagend (für die sächsischen Leserinnen)! Pah.

Die Vereinigung meiner Freunde im Pseudoverständnis und in der unerträglichen Milde mir gegenüber machte mich wütend. Denn ich spürte ja genau, wie sauer sie im

Grunde alle auf mich waren. Sie nahmen nur Rücksicht auf den Geburtstag meiner Mutter.

Zu gerne hätten sie doch wahrscheinlich alle auf den Tisch gehauen und sich beschwert. Natürlich irgendwie mit Recht. Zum Beispiel Ronja – zurzeit Single und seit vielen Jahren meine beste Freundin. Jedes Wochenende treffen wir uns zum Frühstück, shoppen, tratschen, lachen, abends Theater, Kino. Na gut – TRAFEN uns –, denn seit vier Wochen habe ich natürlich weniger Zeit für sie. Ich spürte plötzlich, wie schwer es ihr fiel, sich auf der einen Seite zwar schon für mich zu freuen, aber auf der anderen Seite mit ihren Anflügen von Eifersucht und Verlustängsten zu kämpfen.

Für mich waren die Sonntage jetzt Paar-Tage. Ausschlafen, gemeinsam gemütlich frühstücken und Zeitung lesen, spazieren gehen, die Jahreszeiten genießen – na ja, jedenfalls freute ich mich jetzt schon auf den ersten gemeinsamen Frühling… Sonntage sind für Singles die einsamsten Tage – weil ja alle auf Familie machen. War schon immer so. Da ziehen sich alle hübsch an und gehen um die vier Ecken. Für Singles sind Sonntage so ein bisschen wie die Single-Tische im Robinson-Club. Da müssen sich auch die Alleinreisenden zusammenfinden, um in Gesellschaft zu sein. Und wenn jetzt die beste Freundin wegbricht, weil auch sie plötzlich auf Familie macht, bleibt natürlich für die anderen die große Leere. Vorübergehend.

Okay, das ist traurig, aber ich konnte darauf jetzt einfach keine Rücksicht nehmen, ich egoistisches Stück. Ich hatte einfach keine Zeit für meine Freundinnen. Und, wenn ich ganz ehrlich bin, auch viel mehr Lust auf ihn! Ich wollte nicht nur halb anwesend sein in den so geliebten Weiberrunden. Aber warum sprach denn keiner mit mir? Sondern alle hinter meinem Rücken über mich? Hatte ich eine Besorgnis erregende Krankheit, über deren Zustand sich alle Gedanken machen mussten?

Die Stimmung vereiste. Jetzt konnte nur noch ein Wunder geschehen. Meine extrem gut gelaunte Mutter rettete die Situation, während sie sich das zweite Stück Kuchen mit gespitzten Lippen (als ob sich dadurch automatisch die Kalorienzahlen reduzieren würde, nur weil sie den Mund kleiner macht!) einverleibte. »Kinder, nun entspannt euch mal. Ihr kennt doch meine Tochter. Dieses Feuerzeichen Widder brennt nur in den ersten Wochen lichterloh! Die kommt schon von ganz alleine wieder. Ob mit diesem oder ohne diesen jungen Mann, den ich übrigens noch nicht mal kenne.« Der letzte Teil des Satzes klang wie das Kreischen einer Säge. Und war eine ausgesprochen blöde Idee. Denn alle stimmten mit ein. »Ja, wo ist er denn, der Supermann?« Während ich verzweifelt vor mich hin log, warum er angeblich wenig Zeit hatte – denn ich wollte ihn im Moment einfach noch nicht teilen –, brach das ganze aufgestaute Unverständnis der Runde über mir zusammen. Ich gelobte irgendwie Besserung und meinte das auch ganz ehrlich. Während wir da so saßen, merkte ich einfach, wie sehr ich sie alle vermisste. Nur meine Mutter, inzwischen den zweiten Prosecco am Mund, bremste uns und meine Schwüre nach Wiedervereinigung mit meinen Freundinnen aus.

»Nun lasst sie mal. Sie muss ihn doch erst mal besser kennen lernen. Euch kennt sie alle schon jahrelang. ›Es‹ soll ja schließlich mal mein Schwiegersohn werden. So stelle ich mir das auf jeden Fall bei meiner 36 Jahre alten Tochter vor. Und außerdem: Weiberrunden bringen keine Enkelkinder! Prost!«

Mutter!

TIPP

…an die Freundinnen: Auch die größte Verliebtheit beruhigt sich irgendwann. Und das Schönste ist ja die Erkenntnis: Männer kommen und gehen, echte Frauenfreundschaften bleiben. Und welche Frau würde ihre beste Freundin im Ernst schon gegen einen Mann eintauschen? Also, haben Sie Verständnis und Geduld! Irgendwann steht sie wieder vor der Tür – spätestens beim ersten Liebeskummer. Dann machen Sie keinen Aufstand, sondern nehmen Sie sie liebevoll in den Arm, schmieren ihr eine Nutella-Stulle und reden von früher. Das hilft. Beiden!

TIPP

…an die frisch Verliebten: Es hätte ja auch Ihre Freundin treffen können, das große Glück. Also versetzen Sie sich ruhig mal in die Rolle der »Übriggebliebenen« – wenn Sie dann einen dumpfen Schmerz in der Magengegend spüren, wissen Sie, dass Sie mit Ihrem Liebsten nicht allein sind auf der Welt. Also rufen Sie ruhig regelmäßig mal an; und wenn's zunächst nur zu einem kurzen »Hallo-Sagen« ist.

Die Ex

Okay, okay, wir alle haben eine Vergangenheit. Wir sind irgendwie »gebrauchte« Menschen. Das ist ja auch schön, man kann schließlich nur lernen, wenn man übt. Aber mal ganz im Ernst – muss diese Vergangenheit eins achtzig sein, lange Beine haben und auch noch lange blonde Haare? So jedenfalls stelle ich mir seine Ex-Freundin vor, überhaupt alle Exen. Ja, mein Liebster und ich waren beide Single, als wir uns trafen. Ich sieben Jahre! Er ca. sieben Wochen. Jetzt frag ich Sie: Reichen sieben Wochen, um das Bett auskühlen zu lassen, um eine Beziehung zu verarbeiten und sie liebevoll wie ein Foto als Erinnerung in ein Album zu kleben?

Und weil ich Sie aber nicht fragen konnte, rief ich meinen schwulen Freund Jörg an.

»Oha! Dieses Thema! Ich wusste, dass wir da mal irgendwann gemeinsam durchmüssen. Schnulli, sei mir nicht böse. Dafür brauchen wir die große Besetzung. Das schaff ich nicht mit dir alleine. Spaghetti-Essen heute Abend acht Uhr bei mir. Ich ruf Kerstin an, du Sabrina und Ronja.« Thema dieses Abend sollte sein: Wie verkrafte ich es, dass mein Freund vor mir schon mal eine Frau hatte ... äh, mehrererere.

Die Spaghetti waren wie immer exzellent, alles andere weniger. Die Exen spielten tatsächlich auch im Leben meiner Freundinnen eine große Rolle.

Kerstin saß ziemlich bedrüppelt mit am Tisch. Sie stöhnte

laut auf: »Mein Liiiiiieblingsthema! Wegen so einer bescheuerten Ex-Geschichte bin ich zwei Jahre zu einer Therapie gerannt. Mein Therapeut riet mir, mich auf spieleri-
sche, möglichst unverkrampfte Weise mit diesem Thema
auseinander zu setzen.

Der Gedanke an die Ex-Freundin meines Exfreundes
verursacht allerdings bei mir immer noch Übelkeit, den
spontanen Wunsch, mich zielgerecht zu übergeben, und
Haarwurzelkatarrh.«

»War das die Geschichte mit dem Apotheker?«, fragte Jörg,
das Lama. Wir alle kannten natürlich die Geschichte und
konnten uns auch noch sehr gut an die tränenüberströmten
Liebeskummerabende und -nächte bei Kerzenschein und
literweise billigstem Lambrusco erinnern. Kerstin jetzt in
diesem selbstzerstörerischen Erinnerungsmoment zu bitten,
ach, das war so schön, erzähl doch noch mal, hab ich mich
echt nicht getraut. Deshalb erzähle ich Ihnen mal schnell die
Geschichte:

Erstens rief die Ex-Frau, wobei die zwei noch nicht ge-
schieden waren, ihres neuen Freundes dauernd an, zweitens
wollte er ständig mit der reden, und drittens fühlte sich
Kerstin irgendwann wie das fünfte Rad am Wagen. Die Gespräche waren banal: »Wie funktioniert das mit dem Heizkessel?« oder »Weißt du, wo wir die Versicherungsunterlagen
abgelegt haben? Sag mal, hast du die Fotos vom letzten Urlaub eigentlich? Ich hab deiner Mutter versprochen, ihr ein
paar Abzüge zu schicken.«

Ja, die Fotos waren da. Kerstin fand sie im Nachttisch.
Wenigstens war seine Ex-Frau jetzt kein Phantom mehr für
sie. Und aus der 1,78 m großen Pamela-Anderson-mit-dem-
IQ-von-Albert-Einstein-Blondine ihrer Phantasie wurde eine
brünette, mittelgroße, nicht mehr ganz schlanke und nicht

mehr ganz junge, normale Frau. Aber eben eine mit gemeinsamer Vergangenheit.

Seine Ex konnte nicht loslassen, ihm fiel es nicht auf. »Wieso, was issn? Wieso bist du denn beleidigt? Wir haben doch nur telefoniert?!« Das Dilemma mit der Ex-Frau schwebte wie ein Dämon über ihrer Liebe. Er konnte ihr tausend Mal versichern, dass er nie, nie, nie zu ihr zurückwollen würde in diese horrorvolle Ehe ohne Liebe, ohne Geborgenheit, ohne Sex. Er wollte seiner Ex-Frau nach der Scheidung sogar den Nachnamen aberkennen lassen und hasste als i-Tüpfelchen obendrauf ihr Auto in seiner Garage. Kerstins größter Fehler war, ihm trotz Intuition zu glauben. Wäre sie ihrer Skepsis nachgegangen, hätte ihr Herz vielleicht keine solche dramatische Bruchlandung erfahren.

Denn ihre Beziehung hielt sechs Monate, dann zog er wieder bei seiner Ex-Frau, dem Heizkessel und den Versicherungsunterlagen ein.

Die Begründung war einfach: Auch während der Trennung hatten er und seine Frau keine Liebe, keine Geborgenheit und natürlich auch keinen Sex. Dennoch griffen ihre Mechanismen genau wie zu der Zeit, als die zwei noch ein Paar waren. Sie rief, er sprang. Kein Wunder, dass Kerstin sich da allenfalls als Geliebte in dieser Dreiecksgeschichte sah. Und er? Er war ein Weichei. Denn er hatte die Tricks seiner Frau nicht durchschaut. Sie spielte so lange an den richtigen Knöpfen, bis er wieder vor ihrer Tür stand.

Natürlich hielt die Ehe nicht. Ein Jahr später verließ sie ihn endgültig, sie hatte sich ent- und neu verliebt. Er blieb zwischen den Heizungskesseln und Versicherungspapieren sitzen. Allein. Jetzt wollte ihn Kerstin auch nicht mehr. Die Reparatur ihres Herzens hatte zu viel Kraft gekostet.

Die Erinnerung an diese Geschichte machte meine Laune nicht deutlich besser. Die Macht der Ex-Frauen war eindeutig eine große. In meiner Phantasie jedenfalls.

Um mich selber zu motivieren, blubberte ich laut in die Runde: »Ich bewundere Frauen, die mit ihrer Vorgängerin gemeinsam Weihnachten feiern und ihr auch in der Küche hilfreich zur Hand gehen – sie wissen ja, wo alles liegt. Während sie den Truthahn geschickt filetiert ...«

Ich würde sie vor meinem geistigen Auge im Bett mit meinem Liebsten sehen (schließlich waren sie ja Jahre zusammen). Im Ernst, da war ja mal was. Und in besonders intimen, vertrauten Momenten blitzt es auch schon mal wieder auf. Diese netten, internen, kleinen Witzchen: Weißt du noch, Weihnachten 97, als Tante Frieda den Truthahn über den Schoß ... Hahaha. Ich würde herzhaft und ein bisschen zu laut mitlachen und mich fragen, was dieser ganze Scheiß soll.

Sabrina guckte zufrieden. »Ich weiß überhaupt nicht, was ihr wollt, Mädels. Ich habe ein wunderbar entspanntes Verhältnis zu meinem Ex-Mann Nummer eins. Ich freue mich, wenn ich alle paar Monate mal mit ihm telefoniere. Dann höre ich mir die Geschichten über seine drei kleinen Kinder aus zweiter Ehe an und freue mich diebisch, dass ich nicht die Mutter bin.«

Das nenne ich verarbeitet!

Natürlich bleiben Menschen, die mal eine gewisse Zeit zusammen waren, miteinander verbunden. Und seltsamerweise ist es dabei egal, ob in Wut oder Liebe.

Wenn einer den anderen allerdings nicht loslassen will, gibt es immer Wege. SMS, Anrufe, zufällige Begegnungen. Gerne auch das Arrangement um den gemeinsamen Hund oder schlimmer noch um Kinder, Haus, Geld, Firma, Familie. Sogar Schulden schweißen Menschen wieder zusammen. Hauptsache, der Kontakt bleibt bestehen. Stellen Sie sich folgendes Bild vor: Sie bauen gerade mit Ihrem Schatz ein neues Haus, während er nebenan mit seiner Ex das alte gemeinsame Haus einreißt. Auf der einen Seite kümmern Sie sich liebevoll um schöne Farben, tolle Tapeten. Auf der anderen Seite wirbelt der Bulldozer von nebenan Staub und Dreck auf Ihre Wände. Wie soll da was schönes Neues entstehen?

»Also, ich steh total auf Sex mit dem Ex«, flötete Jörg, während er eine Nudel zwischen seinen Lippen lautstark und saucespritzend einsaugte. »Wenn mein Aktueller rumzickt, ruf ich einen von meinen Verflossenen an. Zum Notficken findet sich immer was.«

»Jetzt aber aus die Maus!« Vier Fäuste für die Liebe streckten sich in die Luft. Ronja, Kerstin, Sabrina und ich fielen über Jörg her wie Mütter im Kampf gegen die Mafia. Die anderen Fäuste hauten wir auf den Tisch.

»Genau das ist das Thema, du Blödmann! Ihr Männer seid tatsächlich alle gleich. Egal, ob homo oder hetero!«, schnaubte Ronja wütend. »Schließlich sitzen wir doch hier, um unserer Freundin das Phantom aus dem Schädel zu hämmern, und nicht, um alles noch viel schlimmer zu machen. Verstanden?«

»Und was mach ich jetzt?«, um mich mal wieder kurz an dieser Stelle ins Spiel zu bringen. Ich war es wohl auch, die hier ein ernsthaftes Problem hatte.

»Akzeptiere doch einfach, dass er eine Vergangenheit hat. Du bist doch auch eine für einige Herren. Solange die Vergangenheit verarbeitet ist und auch als solche gelebt wird, kannst du vertrauen. Wichtig ist dabei selbstverständlich, dass die Nummer zwischen beiden geklärt ist und keiner noch in alten Gefühlen hängt, im alten Revier zu wildern versucht. Und besorge dir endlich ein Foto von seiner Ex, damit du von dem 1,80-m-Trip runterkommst, meine Hübsche.«

In solchen Problemsituationen profitierten wir alle von Sabrinas zahlreichen Ehen und Affären.

Ich habe ihm Tage später ein Foto aus dem Schreibtisch geklaut. Lag ganz unten. Ich musste lange suchen. Und hundertprozentig sicher, ob »sie« es ist, bin ich mir auch nicht. Aber mit diesem Foto kann ich leben. Maximal 1,65 m.

Unser erstes Jubiläum

Endlich! Endlich konnten wir unser erstes gemeinsames Jubiläum feiern! Gut, andere tun das bereits nach der ersten Woche, wir wollten nicht ganz so albern sein und hatten uns auf den ersten Monat geeinigt.

Schwieriger war es, sich auf das Datum zu einigen. Wann haben wir uns noch mal kennen gelernt? Ist das der entscheidende Moment? Oder der erste Kuss? Das erste Date? Die erste Nacht? Früher war das ganz einfach. Als Christian St. aus der C-Klasse mich gefragt hat, ob ich mit ihm gehen will, zählte ganz klar dieser Tag. Gut, so oder so war es überschaubarer, mit Christian ging es nicht mal eine ganze Woche. Hatte man aber Glück, und die Schullieben hielten länger, konnte man aus zweieinhalb Wochen, die man miteinander ging, durchaus mit flotter Hochrechnung auch schon einen ganzen Monat machen, was erfahrungsgemäß zu neidischen Blicken der Mitschülerinnen führte. Ein Monat! Boaahh! Das war damals schon fast Silberhochzeit.

Heutzutage klingt ein Jahr auch schon wie eine irre lange Strecke.

Und wir hatten jetzt also auch unseren ersten Monat. Für ihn. Für mich waren es ein Monat und drei Tage. Seine Berechnung begann mit dem ersten Kuss, meine mit dem ersten Blick in seine blauen Augen. Da wir uns sein Datum leichter merken konnten – nämlich den 1. Februar –, gab ich dann nach. Der 27. Januar klingt auch blöde. Für frisch Verliebte ist so ein Jubiläum ausgesprochen wichtig! Es wird zelebriert wie eine kleine Hochzeit. Okay, eine ganz kleine.

Oha... Hörte ich jetzt tatsächlich Hochzeitsglocken für mich läuten? Würde ich denn jetzt ernsthaft heiraten wollen? Man liest ja immer wieder von solchen großen Vorbildern wie Britney Spears. Heiraten nach nur wenigen Tagen. In meinen Tagträumen sah ich mich durchaus schon als Braut. In einem Kleid, das Karl Lagerfeld nur für mich entworfen hatte und das natürlich viel, viel üppiger als das von Verona wäre. Auf den Stephansdom kann ich verzichten. Ich stellte mir eher eine kleine, pittoreske Dorfkirche irgendwo in England vor. Alle meine Freunde um mich geschart, die besten Freundinnen in gleichen Kleidern als Brautjungfern, eine sprachlose Mutter, die doch irgendwie immer ahnte, dass das mit ihrem Kind ein gutes Ende nehmen würde, und ein sensationell gut aussehender, charmanter, glücklicher Bräutigam. Ich muss Ihnen natürlich nicht sagen, dass das die Party des Jahrhunderts wäre... (Oh mein Gott, bitte, bitte – erzählen Sie *ihm* das nie!)

Aber wie war es denn nun wirklich? Was wusste ich eigentlich von ihm? Ich kannte ja nicht mal seine Festnetznummer. Seine Familie auch noch nicht. Natürlich wusste ich, wie er lacht, redet, denkt und fühlt, aber reichte das für ein Leben? Wenn ich ehrlich bin, hatte ich ihn meinen Eltern auch noch nicht vorgestellt. Ich ließ meine Freunde noch wie ein Löwenbändiger seine Tiere erst mal vorsichtshalber im Käfig (stellen Sie sich vor, die beste Freundin fände an ihm einen Kritikpunkt!), und er kannte meine tiefen Geheimnisse nicht. Dazu zählten mein Kontostand, die Handyrechnung, meine Kosmetiktermine, meine

Angst vorm Fliegen, die Tatsache, dass ich am liebsten mit dicken Socken ins Bett gehe, dabei fünf verschiedene Cremes allein im Gesicht habe und gerne mit dem Fernseher im Bett einschlafe. Ich bevorzuge dabei die »Golden Girls«. Und wenn ich mir vorstellte, dass es bei ihm eine ähnliche Ansammlung an »dunklen« Flecken in seiner Vita gab, hatten wir an diesem Punkt unserer Beziehung noch einiges aufzuarbeiten, bevor wir dann wirklich heiraten konnten.

Unser erstes Jubiläum war genau so, wie es sich jedes kleine Mädchen für seine Zukunft erträumt. Er kam mit einer Rose (ich will mal großzügig sein, war ja auch nur *ein* Monat), hielt mir die Autotür auf und entführte mich in mein Lieblingsrestaurant. Er schaute mir verliebt in die Augen, hielt meine Hand, säuselte süße Sachen in mein Ohr, und wir haben gelacht, geflirtet und waren noch verliebter als sonst… Und wir haben uns immer wieder die »Weißt-Du-noch-Geschichten« erzählt, stolz wie Bolle auf'm Milchwagen, dass wir nun endlich auch schon ein Stück gemeinsame Vergangenheit hatten.

Weißt du noch, als wir uns getroffen haben? Weißt du noch, was ich anhatte? Also ich weiß noch ganz genau, was du anhattest. Komm, erzähl noch mal, wie's für dich war (nicht dass wir uns das nicht schon tausend Mal erzählt hatten!) Weißt du noch, wie die Kellnerin damals reagierte hat, als das Glas umfiel? Weißt du noch, wie Ella die sabbernde Dogge vom Platz gefegt hat? Natürlich wusste er. Er war ja kein Alzheimer-Patient, der vergessen hatte, was in den letzten Tagen so alles passiert war.

Aber so bekloppt dürfen auch nur Verliebte sein. Meine Analytikerin Frau S. war natürlich indirekt an diesem Jubiläum beteiligt. An vier Terminen hatte ich in den schillerndsten, rosigsten Farben geschildert, wie toll er ist. Einzigartig, sensationell und einfach der Richtige. Komischerweise blieb sie wie immer eher neutral (wie kann man bei Liebe neutral bleiben?) und bemerkte lediglich: »Fallen Sie nicht tot um, wenn Sie plötzlich doch mal einen Fehler entdecken.« Sie ignorierte dabei komplett meine Checkliste, die ich doch schon längst abgearbeitet hatte: Er schmatzte und schnarchte nicht, verdiente sein eigenes Geld, hatte einen guten Humor, Intellekt, gute Manieren und überhaupt. Eigentlich ideale Voraussetzungen, Fehler konnte ich beim besten Willen nicht finden. (Wer hat eigentlich den Unsinn mit den rosaroten Brillen erfunden?)

Und jetzt saß ich ihm im Kerzenschein gegenüber, nahm mal für eine Sekunde die rosarote Brille ab und stellte fest: Nö, immer noch alles schön. Zeit also, ein bisschen was zu riskieren, ihm ein Stückchen mehr von mir zu geben und so aktiv an einer gemeinsamen Zukunft zu arbeiten. Ich wusste auch genau, welches dunkle Geheimnis das erste auf meiner Liste sein würde, das ich preisgab. »Duhu, meine Handyrechnung betrug 250 Euro letzten Monat…«

TIPP

Merken Sie sich den Ablauf dieses ersten Jubiläums ganz genau. Brennen Sie sich jede Einzelheit ins Gehirn und erwarten Sie auch für die Zukunft Ähnliches. Setzen Sie Maßstäbe für Ihre nächsten Jubiläen. Wenn bereits jetzt das Feuer nicht so richtig brennt, die Ideen mager sind und der Spaß dürftig, können Sie eigentlich sicher sein, dass er den zweiten Hochzeitstag schon vergessen wird und ohne seine Sekretärin auch an Ihren Geburtstag nie wieder denkt. Aber vielleicht können Sie damit ja leben und locker umgehen, weil Ihnen selber kleine Rituale nicht so wichtig sind. Oder Sie machen sich für den Rest Ihrer Beziehung einen Spaß daraus, ihn mit schöner Regelmäßigkeit daran zu erinnern...

2. Monat

Die Rechnung, bitte

Ich bin ja so selbstbewusst. Und so selbstständig. Ich bin einfach erwachsen. Und ich bin auch in der glücklichen Lage, mir mein Essen selber kaufen zu können. Die Frage ist nur, ob ich das auch immer so will, wie ich es jedes Mal betone. Sie merken, es geht ums Bezahlen. Ich liebe es, mit meinem Liebsten essen zu gehen. Kleine, kuschelige, verschwiegene Restaurants, gute Weine, sensationelles Essen, verliebte Blicke, einen Restaurantchef, der mittlerweile unsere beiden Namen kennt und so tut, als wäre er nur für uns da. So wie neulich bei Angelo, der Wert auf absolute Diskretion legt. Seine Gäste sollen sich gaaaanz privat und ungezwungen fühlen. Und wenn einer fotografiert, dann nur er und »nur zo sum Spasse mit die Handy«. Und nur für uns macht er Unmögliches möglich. Ist der schwarze Trüffel aus, gibt's natürlich weißen! Ich habe gar keine Ahnung, weder vom weißen noch vom schwarzen. Den Unterschied merkte ich dann auf der Rechnung. Als diese kam, griff ich natürlich selbst zum Portemonnaie. Blitzartig! In einer Affengeschwindigkeit. Plötzlich hörte ich meine Mutter sagen: »Kind, mach dich nie von einem Mann abhängig! Lern was Anständiges, verdien dein eigenes Geld, dann musst du nie danke und bitte sagen.« Mutter! Ich hörte sie aber genauso sagen: »Also, Mädchen, der Mann MUSS zahlen, wenn er Interesse an dir hat. Wenn er es wirklich ernst meint mit dir, zahlt er alles!« Prima, das hab ich jetzt davon. Denn Sie wissen ja: Ich bin selbstbewusst, selbstständig und schrecklich erwachsen. Und weiß nicht, was ich tun soll. Was für eine Scheiße…

Auch wenn ich vorher genau auf seinen Wortlaut geachtet hatte: »Entschuldigung, kann ICH bitte die Rechnung haben.« Ja, er hat nicht gesagt: WIR möchten bitte zahlen. Ein kleiner, aber sehr feiner Unterschied.

Sie kennen das: Die Situation ist ungemütlich und doof. Noch waren wir nicht so weit, dass wir offen darüber reden können, dass ich meine gelernten Single-ich-zahl-immer-für-mich-alleine-Allüren (Mama, ich danke dir!) über Bord geworfen hätte und das Kräftemessen vorbei wäre. Man möchte ja schließlich auch einen anständigen Eindruck hinterlassen, denn ich bin keine Spesenschlampe.

Kerstin würde das natürlich auch nicht von sich behaupten, dennoch muss sie immer aufs Klo, sobald die Rechnung bestellt ist. Diese Blasenschwäche auf Kommando ist schon beeindruckend. Na gut, das mit dem Geld ist bei ihr nicht immer so einfach, schließlich hat sie auch drei Kinder. Aber das weiß ER ja manchmal noch nicht, so beim ersten Rendezvous. Spätestens beim vierten Date merkt vielleicht auch ein ganz normaler, durchschnittlich gestrickter Mann, dass irgendwie Methode dahintersteckt… Wir Frauen, von Natur aus das klügere Geschlecht, wissen natürlich gleich, diese Klorennerei ist was für Anfängerinnen.

Es gibt auch die anderen Fälle, die genauso »klinikreif« sind. Sabrina zum Beispiel zahlt immer. Sie hat inzwischen drei Ehemänner und andere arme Schlucker durchgeschleppt und durchgefüttert. Sie kann sich gar nicht vorstellen, wie das ist, mal den Akt des Bezahlens entspannt anderen zu überlassen. Nicht, dass ihr das Dankesagen danach schwer fiele oder sie Angst hätte, schlichtweg gekauft zu werden – sie ist es halt nur so gewöhnt. Bezeichnend war auch ihr letzter Liebhaber, der immer und zu jeder Zeit auf getrennte Rechnungen Wert legte, egal, wie schön die Kuschelstunden vorher waren. Selbst wenn er die Karte rauf und runter durchfraß, gerne auch nachts um zwölf (das können auch nur Männer, man denke an den Hüftspeck! Außerdem bekommt man Alpträume mit so einem vollen Magen) und sie nur ein Glas Rotwein hatte. Stellen Sie sich das bildlich vor: eine Rechnung von 47,90 € – sie zahlt 3,50 € für ihren Bordeaux und er den Rest…

Zurück zu mir: Angelo ging, um die Rechnung zu holen, und ich wühlte sofort wie immer in meiner viel zu großen Tasche. Als Angelo wieder an unseren Tisch kam, riss ich ihm olympiareif wie beim Staffellauf die Rechnung aus der Hand. Er guckte erstaunt von rechts nach links und zurück, nahm mir elegant die Rechnung wieder aus der Hand und gab sie meinem Liebsten. »Segnora! In Italia zahlen imma die Manne. Sonst Beleidigunge für Männlisskeit.« Drehte sich um und ging, bevor ich ihm überhaupt einen Vortrag über emanzipierte, selbstbewusste, erwachsene Frauen im 21. Jahrhundert in Deutschland halten konnte.

Es war Zeit für eine Grundsatzentscheidung. Wer zahlt? Getrennte Rechnungen gehen einfach nicht mehr, dazu sind wir zu viel Paar.

»Pass auf, Süße. Wenn du ein Problem damit hast, dich einladen zu lassen, ruschel einfach ein bisschen mit deinem Portemonnaie, und ich zahle dann die Rechnung, okay?!«

Wie finde ich das jetzt? Ja, schlau. Er hat den Mechanismus (gut, schenken wir ihm die Aufmerksamkeit und lassen ihn ein neues Wort kreieren – oder haben Sie schon mal »ruscheln« gehört?) des Ruschelns erkannt, sprich: fünf entscheidende Sekunden zu lang am Portemonnaie zu popeln.

Aber auf der anderen Seite: Was für eine Machokakerlake, uns das einfach direkt zu unterstellen!

Und wie erkläre ich diesen Vorfall meiner Mutter? Wie ein kleiner Dämon saß sie gerade auf meiner Schulter und keifte mir den Urschleim meiner Erziehung ins Ohr.

Ich stand jetzt also zwischen meiner eigenen Ratlosigkeit (oder Dämlichkeit) und dem Mann, der sagte, dass er mich liebte, und der mich doch einfach nur mal zum Essen einladen wollte und nicht vorhatte, mit mir einen Vertrag fürs Reihenendhäuschen gemeinsam zu unterzeichnen. Mit einem nervösen und vielleicht auch etwas zu lautem »Beim nächsten Mal bin ich aber dran« ließ ich ihn zahlen.

Zu gerne hätte ich es einfach erwachsen geschehen lassen können. Ich wusste, dass ich dringend daran arbeiten musste, mir eine gewisse Lässigkeit anzueignen.

Hier gilt wohl grundsätzlich: Wer einlädt, zahlt. Auf gar keinen Fall dürfen Sie über das Bezahlen so wie ich mädchenhaft diskutieren! Das killt jede Romantik. Auch wenn Sie genauso stets sofort das Portemonnaie zücken, lassen Sie sich zumindest am ersten Abend von ihm einladen. Wenn es Ihnen beinahe unangenehm ist, fügen Sie anschließend hinzu, dass Sie gerne beim nächsten Mal die Einladung übernehmen würden. Aber bitte nicht so hysterisch wie ich …

Fühlen Sie sich aber eigentlich rasend wohl, wenn sie einen Kerl gefunden haben, der immer zahlt und auch darauf besteht, dann lassen Sie es geschehen und genießen Sie es. Sie müssen für sich nur klar Ihr Ziel definieren und sich entsprechend verhalten.

Ansonsten kann ich meine Nudeln weitaus besser genießen, wenn schon vorher geklärt ist, wer heute wessen Gast ist.

Ich bin krank –
koch mir Hühnersuppe

Wir saßen im Kino, und es zog. Ich war ganz sicher, dass es zog. Irgendwo von links hinten aus der Ecke. Brrr…, meine Füße eiskalt und mein Nacken steif wie ein Besenstil. Dabei bin ich doch so empfindlich. Wenn's irgendwo zieht, bin ich am nächsten Tag krank. Und wenn ich krank sage, meine ich auch krank. Schwer krank. Eigentlich immer so ganz kurz vor einer Lungenentzündung. Hm, mein Immunsystem ist offensichtlich einfach instabil. Also fing ich an rumzufragen. Mein Liebster meinte nämlich, es zieht nicht. Jedenfalls nicht so, dass es sich lohnen würde, darüber nachzudenken. Er wusste ja noch nicht, wie krank ich werden kann. Also fragte ich meine Sitznachbarin zur Rechten: »Hier zieht's doch, oder?« Sie schnaufte nur und flüsterte so was wie »Pssst!« Ich konnte es nicht ganz genau verstehen, weil sich zwischen ihren Zähnen zwei Hände voll Popcorn befanden. Überhaupt dieses Popcornessen im Kino. Wieso gehören Popcorn und Kino eigentlich für immer und ewig zusammen wie der Fisch und das Wasser? Ich werd's nie verstehen. Popcorn macht Geräusche, riecht merkwürdig und kann über die gesamte Filmlänge reichen – wenn Sie sich für die XXL-Packung entscheiden, schaffen Sie auch unter Umständen den nächsten Film (vorausgesetzt, Sie müssen sich nicht zwischenzeitlich übergeben). Sie erinnern sich: Auch hier gibt es nervtötende Geräusche, die mich aufs Äußerste belästigen.

Aber im Moment war ich ja abgelenkt, weil es immer noch zog. Ich verließ meinen Platz und ging auf die Suche nach einem Verantwortlichen. Schließlich hatte die dämliche Kinokarte 8,50 € gekostet – dafür verlange ich eine zugfreie Zone! Ich fand niemanden, der sich mit der Klimaanlage auskannte. Eine Viertelstunde später war ich wieder da, hatte die entscheidenden Schlüsselszenen des Films verpasst und flüsterte schon sehr viel heiserer: »Wasisdennpassiert?« Und weil mein Liebster ein so unglaublich toleranter, entspannter, cooler Typ ist, küsste er meine Hand: »Später, Süße, alles später! Bei Tee und Wärmflasche!«

Ich hätte jetzt gerne meine Mutter angerufen, um ihr wiederholt zu sagen, wie toll dieser Mann ist. Aber es hätte meine ohnehin extrem angeschlagene Stimme zu sehr angestrengt. Ich spürte die Erkältung langsam von den Füßen aufwärts über die Bronchien an sämtlichen Gliedern vorbei Richtung Kopf marschieren. Ich sah vor meinem geistigen Auge ganze Armeen von Bazillen und war verwirrt, dass der Leinwandheld gerade die Hauptdarstellerin küsste. Die waren doch eben noch Geschwister und stritten sich ums Erbe?! Mein Gehirn versagte.

Oh Gott, ich brauchte heute noch Antibiotika, oder vielleicht musste ich auch gleich in die Lungenklinik! Wie lange ging denn dieser Film noch? Ich konnte nur unter größter körperlicher Anstrengung den Hustenreiz unterdrücken. Ich wollte ja die anderen nicht stören. Sie konnten ja auch nichts dafür. Jetzt war mein Kopf auch schon ganz heiß.

Plötzlich gingen die Lichter an, und ich wusste nicht, wie ich mich aus meinem Sitz schälen sollte. Mein Schädel schmerzte, die Ohren sausten, ich hatte 100 Grad Fieber und wahrscheinlich ganz schlimme Tuberkulose. Mein Liebster fragte: »Wie fandste denn den Film?«

Film? Welcher Film? Ich sterbe, Schatz! Ich fühlte mich wie die Kameliendame. Zum Glück tropfte noch kein Blut aus meinem Mund! Ich überlegte, ob ich Abschied nehmen sollte von ihm. »We had joy, we had fun, we had seasons in the sun…« Himmelsmusik. Das geht ja schnell, wenn das Ende naht.

Ronja war schon immer scharf auf meine Hippieketten-sammlung – sollte ich ihr die noch schnell vorbeibringen? Und Sabrina konnte ich eigentlich meine Selbsthilfe-Ratge-ber-Bücher vermachen. Kerstin kriegt die Klamotten, und ihre Kinder können sich den Rest teilen. Mir fiel Ella ein. Oh mein Gott, ich musste ein neues, gutes Zuhause für mein Mopsmädchen finden… Und was würde aus meinem Liebs-ten? Ich musste ihn freigeben für eine andere…

»Süüüüße, jetzt kennen wir alle Details der Stabliste des Films. Du hast ja den kompletten Abspann angestarrt. Kön-nen wir jetzt gehen?« Ich war zu schwach, um aufzustehen. »Komm, wir gehen einen Burger essen, ich hab Hunger.« Gut, den konnte ich ja in dieser Welt noch mitnehmen…

Erstaunlicherweise habe ich diese Nacht überlebt, aber der Morgen war schrecklich. Ich sehe aus wie Muhammad Ali nach seinem schlimmsten Kampf, meine Nase war so zu wie die Berliner Mauer in den Zeiten des Kalten Krieges, und ich zitterte wie Wackelpudding. Ich war echt krank. Mein Liebster musste mir jetzt das Leben retten. Er war Robin Hood. Er war genauso gut, wie ich es befürchtet hatte. Er ging zur Apotheke, er kaufte Obst, Gemüse und Tüten-suppe. Und das alles für mich! Endlich konnte er auch diese Seite in sich ausleben. Die starke Frau war schwach, klein, schutzlos, empfindsam. Ich weinte.

Meine Mutter rief an und wollte kommen. »Nein!«, schrie ich unter Aufbringung meiner letzten Kraftreserven ins

Telefon. »Mama, lass mal. Ich bin gut versorgt.« Sie wurde etwas entspannter, denn in den letzten 35 Jahren war sie ja für meine Versorgung im Krankheitsfall zuständig. Und sie musste mir immer eine Flasche Rotbäckchensaft mitbringen, ein Bussi-Bär-Heftchen (die Dinger gibt es wirklich noch – selten, aber manche gut sortieren Kinderbuchläden haben sie!) und eine TKKG-Kassette (Tarzan, Karl, Klößchen und Gabi – das sind Kinderdetektive).

Frau S., meine Analytikerin, findet das alles mit Sicherheit ganz erschreckend. Deshalb werde ich diesen Punkt meiner Persönlichkeit nicht zum Gegenstand unserer nächsten Gesprächsrunde machen. Ich bin ja nicht blöd.

Aber krank. Immer noch. Mein Liebster schleppte die Einkaufstüten in die Küche, presste frischen Orangensaft mit einem Spritzer Zitrone und bereitete das Süppchen vor. Bis jetzt fand ich das alles toll. Aber als er anfing, mir Wadenwickel zu machen, das Inhalationsbad vorzubereiten (Sie wissen: Danach sieht man immer schrecklich aus – rot, aufgedunsen, strähniges Haar!) und Zwiebeln zu schneiden, die ich in Säckchen gefüllt dann an mein schmerzendes Ohr halten sollte, kriegte ich plötzlich Panik. Waren wir denn schon so weit, dass ich ihm meinen komplett desolaten Zustand ohne Wimperntusche und seeliges Grinsen, ohne Dusche und Parfum präsentieren konnte? Ich war sehr unsicher und fühlte mich extrem unsexy. Wie sollte er jemals wieder voller Leidenschaft über mich herfallen können, wenn er doch diese üblen Bilder im Kopf hat?

Ein Wunder musste her – am besten eine Wunderheilung. Und, ehrlich gesagt, soooo schlecht ging's mir eigentlich gar nicht mehr. Ich konnte ja mal versuchen, zwei Aspirin zu schlucken. Vielleicht blieben die ja in mir! Es klappte. Ich schluckte und musste mich nicht krampfartig übergeben. Das Süppchen war auch ganz lecker…

Während er mit Ella spazieren ging, hüpfte ich unter die Dusche (nun gut, ich lahmte noch etwas – aber das sah ja jetzt keiner, ich war so tapfer!), wusch mir die Haare, salbte, cremte und pflegte mich. Für dieses Programm hatte ich genau zehn Minuten – er wollte nur eine kleine Runde gehen. Ich schaffte es knapp – sogar ein kleines Make-up war noch drin. Er kam gar nicht so gut gelaunt nach Hause. Und seine Nase war auch ganz rot. Er schnappte nach Luft. Musste sich erst mal setzen. Ich stellte befriedigt fest: *Meine* Lebensgeister waren wieder da! »Was ist denn los, Schatz?«, fragte ich. »Freust du dich gar nicht, dass ich wieder gesund bin?«

»Ich glaube, ich habe mich angesteckt«, rotzte er. Er sah auch wirklich nicht gut aus. Das passte jetzt aber überhaupt nicht in meine aktuelle Abendplanung. Ich hatte uns gerade mit Jörg und Ronja zum Italiener verabredet. Musste ja schließlich wieder mal was essen nach meiner Zwölf-Stunden-Grippe!

Ohne auf mich einzugehen, legte er sich ins Bett und zog sich die Decke bis zur Nasenspitze. Was war denn das jetzt? Hallo! Wir haben was vorhor! »Süße, mir geht's gar nicht gut. Kannste mal bitte die Vorhänge zuziehen? Und ist denn noch ein bisschen was da von der Hühnersuppe? Ich fühl mich so beschissen…«

Also, jetzt konnte er sich doch auch mal zusammenreißen. Er tat ja gerade so, als hätte sein letztes Stündchen geschlagen. Das war ja nun wirklich typisch Mann. Männer und Erkältungen… Weicheier. Zum Glück kriegen Frauen die Kinder…

Aber ich wollte mal nicht so sein. Ich sagte Ronja und Jörg

ab, servierte ihm die Hühnersuppe, fand noch eine alte TKKG-Kassette für ihn und mich und legte mich zu ihm. Mal ganz ehrlich: Bin ich nicht 'ne Frau zum Heiraten?

Seine Freunde

Ich habe überlegt, wie ich dieses Kapitel nennen soll: »Seine Freunde« oder doch lieber »Seine *so genannten* Freunde«. Wir wissen alle: Freunde sind das Wichtigste im Leben, manchmal sogar wichtiger als die Familie. Der Unterschied liegt eindeutig darin, dass wir uns Freunde aussuchen können. Meine Freunde, die Sie ja schon zum Teil recht gut kennen, sind seit sehr vielen Jahren an meiner Seite – manchmal enger, manchmal weniger eng, aber immer da. Sie gehen auch die unbequemeren Wege mit mir. Wenn es um Kritik geht, um schlechte Zeiten, während Selbstfindungskrisen genauso wie in Liebesangelegenheiten. Wir sind füreinander da. Sie hören zu, ertragen auch mal Ungerechtigkeiten oder Zeiten, in denen ich abtauche, behalten Geheimnisse für sich und sind ehrlich. Sie gönnen mir alles Gute und freuen sich, wenn's richtig super läuft – egal, ob im Job oder privat. Umgekehrt gilt das genauso.

Ich war natürlich der Meinung, so sei es auch bei ihm und seinen Freunden. Ich Dummerle, ich!

Endlich – nach nun fast sechs Wochen – sollte ich seinen besten Freund Andreas und dessen Frau Gina kennen lernen. Der Plan war zunächst, dass Andreas, ein angeblich exzellenter Hobbykoch, für uns kochen sollte. Allerdings verließ ihn dann kurzfristig die Lust, und WIR sollten kochen – also mein Liebster und ich. Haha, selten so gelacht (meine Küchenleistung kennen Sie ja inzwischen). Wir kauften das

Buch »Kochen für blutjunge Anfänger« und nahmen das erste Rezept mit der Anmerkung »besonders simpel«. Backkartoffeln mit Fischstäbchen. Schmeckte lecker.

Ich war wirklich sehr aufgeregt und habe lange überlegt, was ich zum Beispiel anziehen sollte. Ich entschied mich für die ganz schlichte, sportliche, nette, unauffällige Variante: Jeans, Karohemd, Turnschuhe. Kurz davor erfuhren wir, dass sich noch ein weiteres Pärchen angeschlossen hatte, Detlef und Tamara, eigentlich ganz nett. Auch Freunde, nicht ganz so eng, aber doch gut. Und ich verstehe jetzt auch rückblickend, warum die plötzlich mitkommen wollten: Es macht ja vielmehr Spaß, sich »die Neue« zu viert anzugucken um hinterher gemeinsam zu asseln!

Bitte, ich versuche ernsthaft, wirklich neutral Bericht zu erstatten – aber ich kann nicht! Der Abend glich einer Hexenverfolgung im Mittelalter. Ich war die Hexe.

Es klingelte, er öffnete. Ich stand in der Küche und kümmerte mich um die Kartoffeln. Gina, auch älter als ihr Mann, kam in Röckchen, Netzstrümpfen und Highheels. Tamara, Einkäuferin für ein Modelabel, trug ein olivgrünes, hautenges Nichts mit Neckholder drunter – noch mal nichts – bei gefühlten minus 30 Grad draußen! Sie erinnern sich: Ich war die mit der Jeans und dem Clayton-Farlow-Karohemd! So süß rustikal – ich schickte ein Dankgebet in den Himmel, dass ich wenigstens frisch gewaschene Haare hatte.

Andreas kam zu mir in die Küche, und ich begrüßte ihn freudestrahlend – was man halt so sagt. »Ich habe schon viel gehört, bla bla bla.« Und dann bat ich ihn, in der mir eigenen Zwitscher-Zwitscher-Art, mir bei den Kartoffeln zu helfen. Er war ja doch der Crack. Seine Antwort, mit verschränkten Armen vor der Brust und das Gesicht wie zu einer grinsenden Faust geballt, kam unvermittelt: »Du bist doch diejenige, die mit Biolek gekocht hat!«

Upps, aha, verstehe. Er gab ganz eindeutig die Richtung für den weiteren Verlauf des Abends an. Ich wollte nichts weiter sein als die neue, verliebte Freundin meines Freundes. Er sah mich als bekloppte Fernseh-Tussi, die doch unter Garantie einen Hau haben musste.

Ja, und dann saßen wir also zu sechst am Tisch. Eigentlich nur zu fünft – ich wurde einfach ignoriert. Sie sprachen über Vergangenes, gemeinsam gesehene Filme, gemeinsame Urlaubserlebnisse, ab und zu fiel auch noch der Name seiner Ex. Ich war Luft. Das weiß ich deshalb, weil ich es ausprobiert habe. Wirklich. Zweimal ging ich hintereinander, mitten beim Essen, in die Küche. Zweimal hat's niemand gemerkt – nicht mal mein Liebster, der völlig vertieft war in die schwachsinnigen Gespräche. Alle kehrten mir den Rücken zu. Hin und wieder habe ich es noch probiert mit einem locker ins Gespräch geworfenen »Kenn ich auch«, »Hab ich auch gesehen« oder »Wart ihr schon mal …« Nichts. Keiner spielte mit mir.

Ich schickte eine völlig verzweifelte SMS an meine Freundin Ronja. »Die sind so gemein zu mir«. Ronja antworte sofort: »Ach was, Süße. Du hast bist jetzt JEDEN zum Schmelzen gebracht. Ich weiß, dass du mir morgen sagen wirst: Boa, war doch noch ein netter Abend.« Ronja hatte eigentlich immer Recht, aber diesmal spürte ich, dass das Kind im Brunnen lag und die Kuh nicht mehr vom Eis zu holen war.

Das Einzige, was mir fehlte, war der Grund für das Verhalten. Ich begriff nicht, warum die vier Freunde von meinem Liebsten mir einfach keine Chance geben wollten. Eine einzige Frage richtete Gina, irgendwann Stunden später, an mich. »Du arbeitest doch bei diesem Sender, wie heißt der noch, M…, M…, MDR? Ich hab da mal reingeguckt. ›Riverboat‹, oder? Ist ja nur was für alte Leute!« Dass diese Frau, irgendwas über 40, ein heftiges Problem mit ihrem Alter hat, erkannte ich sofort: nicht nur an Netzstrümpfen und Highheels.

Ich fauchte: »Zielgruppe ist so etwa dein Alter. Ein bisschen jünger vielleicht.«

Weitere Fragen wurden mir nicht gestellt, meine Fragen hat niemand beantwortet, dieser ganze Abend war für mich wie ein Alptraum. Nur als ich einmal kurz auf den Balkon ging, um zu rauchen, kam Gina mir nach und fragte nach meinem Hund, nach Ella. »Ja«, antwortete ich, »Möpse sind sehr sensibel. Sie kommen sofort, wenn man heult.«

»Was hast du denn in den letzten Wochen für einen Grund zum Heulen gehabt? Läuft doch alles.«

Aha, jetzt wusste ich, was los war: Eifersucht. Und zwar heftig, groß und viel. Ich habe ihnen ihren Freund genommen – so bescheuert können doch erwachsene Menschen gar nicht sein.

Ein Höhepunkt war die Verabschiedung. Alle mit Küsschen. Gina habe ich mir als Letzte aufgehoben und ihr demonstrativ meinen ausgestreckten Arm gereicht. Das saß! Offensichtlich. Denn am nächsten Tag bekam ich eine E-Mail von ihr, in der sie versuchte, ihr merkwürdiges Verhalten zu erklären »…möchte mich ein bisschen entschuldigen…, wollten dich unbedingt doof finden… Wir waren überrascht, dass du so authentisch warst.«

Übrigens hatte ich, nachdem »unsere« Gäste gegangen waren, noch ein interessantes Gespräch mit meinem Liebsten. Er fragte mich doch tatsächlich, wie ich denn den Abend und seine Freunde so fand. Ich schwör's Ihnen: Hätte ich gesagt, »nett, noch ein bisschen schüchtern«, hätte er geantwortet »Ja, ne?«. Doch ich entschied mich für die Wahrheit, ein heikles Thema, ich ging an die Substanz dieser Freundschaft. Für mich war der Abend grauenvoll. Und ich erklärte auch genau, warum: Ich brauchte seine Freunde nicht, ich hatte ja meine. Aber wie musste er sich fühlen, dass seine Freunde seine neue Liebe nicht mit offenen Armen willkommen heißen, sich nicht für ihn und sein Glück freuen wollten. Ich hatte ihm im Laufe der letzten Wochen 28 Menschen vorgestellt (ich hab's gezählt). Freunde, Familie, Bekannte, Weggefährten, Begleiter, Kollegen – eben mein Umfeld. Und ALLE hatten ihn strahlend und neugierig empfangen. Bei ihm versagten schon die ersten vier!

Ich war angepikt und hatte definitiv keine Lust, diese Leute noch mal wiederzusehen. Na gut, ihm zuliebe hätte ich ihnen vielleicht noch eine zweite Chance gegeben – aber da war vorläufig nichts zu löten.

Männer und Freunde: Die Wahrheit

Eine wissenschaftliche Studie aus Schweden fand Folgendes heraus: Männer brauchen eigentlich Freunde. Nicht nur zum Fußball gucken und Bierchen trinken, sondern auch für die Gesundheit. Nach der Studie leben Männer mit guten Freundschaften länger als ihre einsamen »Artgenossen«. Diese leiden zudem häufig an Herzkrankheiten.

Trotz allem – und so ist das Ergebnis einer amerikanischen Studie an über 1000 Männern – empfinden Sie Freundschaft komplett anders als Frauen: Ihre Beziehungen zu anderen Männern sind im Allgemeinen von Oberflächlichkeit, Unaufrichtigkeit und chronischem Misstrauen geprägt. Männer ignorieren und verdrängen demnach ihre Einsamkeit, indem sie ihre Erwartungen einfach herunterschrauben.

Unvorstellbar bei Frauen. Wenn wir ein Problem haben – zum Beispiel eine Zickerei mit der Schwiegermutter –, besprechen wir das mit allen Freundinnen, der Frau am Kiosk und gerne auch mal mit unserem Friseur – so lange, bis wir eine Lösung haben, uns wieder besser fühlen oder sich das Problem von allein in Luft auflöst. Wenn Männer ihren Job verlieren, todkrank sind, pleite, ihre Frau sie gerade verlassen hat und eine ihrer Töchter mit 13 Jahren schwanger ist, antworten sie auf die Frage nach dem Befinden mit einem coolen: »Alles okay so weit. Warst du letztes Wochenende beim Hockey?« Also: Wozu brauchen Sie dann Freunde?

»Maximal zehn Prozent aller Männer haben eine authentische, enge Männerfreundschaft«, schätzen Wissenschaftler. Die meisten Männer haben eine große Anzahl von Bekannten, bei denen aber die Welt nicht untergehe, wenn sie sich aus den Augen verlieren!

Grundsätzlich haben wir übrigens meistens vier Freundeskreise. Der erste umfasst ca. drei bis fünf enge Freunde, der zweite zwölf bis 20, der dritte um die 60 und der größte, der vierte, etwa 150 Bekannte. Mehr kann das Gehirn, so die schwedischen Forscher, gar nicht erfassen. Und stellen Sie sich jetzt mal vor, die vier, fünf engsten Freunde sind so gestrickt wie die von meinem Liebsten! Was für trübe Aussichten für seine Gesundheit. Ich muss dringend etwas daran ändern.

Zum Glück aber lernte ich in der folgenden Zeit Freunde von ihm kennen, die mit nichts ein Problem hatten. Weder mit mir noch mit sich.

Upps, die verflixte 7. Woche

Himmel, war ich verliebt. Es war wieder mal an der Zeit, Gott und der Welt das mitzuteilen. Nur für den Fall, dass es irgendjemand verdrängt haben sollte – was ich kaum glauben konnte. Ich entschied mich für Kerstin. Die ist ja auch noch frisch verliebt, in den Mann, dem sie bereits nach drei Wochen ihren Wohnungsschlüssel um den Hals gehängt hatte. »Schlüsselkind« Phillipp dürfte wohl inzwischen ganz bei ihr eingezogen sein. Das Telefonat nahm allerdings eine für mich nicht vorhersehbare, ziemlich überraschende Wendung. »Glaub mal nicht, Schätzchen, dass nur, weil du bereits sechs Wochen mit ihm geschafft hast, deine Mutter schon Kataloge mit Hochzeitskleidern wälzen kann.« Bitte? Kerstin? Bist du's?

Kerstin erklärte: »Du bewegst dich auf extrem dünnem Eis, wenn du glaubst, dass du ihn schon in Sack und Tüten hast. Noch ist nämlich Honeymoon und Probezeit. Und das kann schnell mit einer Kündigung enden.« Bäähhh, Spielverderberin.

»So, Kerstin, und jetzt mal hübsch der Reihe nach. Welchen Ratgeber hast du denn heute gelesen?« Ich spürte, es war mal wieder Zeit für einen Tee mit Keksen und Freundinnen: Kerstin, Ronja, Sabrina und Jörg! Der durfte auf keinen Fall fehlen.

Ich eröffnete den Nachmittag mit dem launigen Satz: »Schon mal was von der verflixten 7. Woche gehört? Kerstin behauptet, die gibt's!« Jörg grinste: »Bist du denn schon drüber? Ich meine, werd' ich jetzt dann endlich Tante?«

»Nein, aber stoßen wir nicht alle in gerade dieser Phase immer wieder an Grenzen und Schwierigkeiten, die wir also solche gar nicht wahrnehmen?« Kerstin guckte ernst, bedeutend und senkte ihre Stimmlage um eine Oktave. »Nö, ich bin glücklich«, flötete ich dazwischen. »Mein Liebster ist der wunderbarste Mensch, den ich je kennen gelernt habe. Mädels, ich habe immer noch keinen Fehler entdeckt. Er hat mir sogar Hühnersuppe gekocht.«

Die von mir erwarteten Begeisterungsstürme blieben aus. Sabrina biss von ihrem Keks ab: »Du stellst den Kerl ja ganz schon auf ein Podest. Pass mal auf, dass er da nicht runterfällt.« Was tue ich? Nun gut, ich konnte schon zugeben, dass ich ihn ein klitzekleines bisschen idealisierte. »Was ist denn, wenn sich deine Hormone beruhigt haben und der Alltag angeschlichen kommt? Glaubst du wirklich, es gibt nichts, was dich stören könnte? Gerade dich, du empfindliche Neurotikerin?« Sabrina drückte jetzt den Keks komplett in ihren Mund!

Ich hätte ihr auf die gestopften Backen hauen können! Was sollte ich Fehler suchen, wenn ich gerade mal keine sah? Kerstin allerdings hatte Grund zur Sorge. Schlüsselkind Phillip klammerte. Er konzentrierte sich so sehr auf sie, dass ihr gar keine Luft mehr zum Atmen blieb, sein bisheriges eigenes Leben schien ihn nicht mehr zu interessieren. »Er ist immer da. Immer. Komm ich nach Hause, lächelt er mich mit einem Staubtuch in der Hand an, das Essen ist fertig und die Wäsche gebügelt. Mein gesamtes Freizeitprogramm für die nächsten zwei Wochen liegt auf dem Küchentisch. Kinokarten, Opernführer, sogar die Urlaubskataloge für die Winterferien im nächsten Jahr hat er schon mitge-

bracht. Ja, ich liebe ihn. Aber doch nicht gleich so viel…«
Und dann schossen ihr die Tränen in die Augen. »Außerdem will er ein Kind von mir! Ich habe doch schon drei…«
Jörg schmetterte voller Freude: »Also doch! Ich werd bald
schon wieder TANTE!«

Er war der Einzige, der sich freute, beruhigte sich aber angesichts unserer betretenen Mienen sehr schnell und zeigte
sehr viel Verständnis für Kerstins Tränen: »Ja, Kinder, wenn
ihr mich aber auch nie einladet. Ich hätte deinen Süßen
schon auf andere Gedanken gebracht…! Was ich sagen will:
Ihr müsst füreinander spannend bleiben, sonst seid ihr in einem Jahr so weit wie meine Eltern nach 25 Jahren!«

Na klar, es ist die Mischung, die Beziehungen ausmacht:
das richtige Verhältnis von Nähe und Distanz, sein eigenes
Leben leben und trotzdem viel mit dem anderen teilen.
»Och, das kenn ich«, platzte es aus mir raus, und ich hätte
mich fast am Marmorkuchen verschluckt. »Ihr erinnert euch
an den chaotischen Musiker? Als ich mit ihm kurz zusammen war, entschieden wir uns beide dafür, uns nur auf uns
zu konzentrieren, uns ganz doll kennen zu lernen und einfach ganz doll viel Zeit miteinander zu verbringen. Und
zwar genau 24 Stunden am Tag – nur aufs Klo bin ich allein
gegangen. Na gut, wenigstens die ersten vier Wochen…
Die Zeit war zunächst ganz witzig, dann langweilig, dann
schrecklich: Wir kannten alle Cafés der Stadt – ich konnte
keine klassische Musik mehr zu Croissant und Milchkaffee
hören! Wir lasen Zeitungen, hatten uns bald keine neuen
Geschichten mehr zu erzählen, nichts mehr zu sagen. Wir
hatten die Zweisamkeit und die Konzentration aufeinander
völlig übertrieben. Im Grunde blieben wir nur zusammen,
weil wir uns so sehr aneinander und an den Zustand wie ein
siamesisches Zwillingspärchen – an den Seelen zusammen-

gewachsen – gewöhnt hatten. Als ich wieder anfing zu arbeiten, war er beleidigt, fühlte sich verlassen und suchte sich meine Nachfolgerin. Das war die, die Zeit hatte und putzen konnte …

»Ach, wenn ich das so höre, bin ich ja sehr glücklich über die Entscheidung, die ich getroffen habe: keine Kompromisse mehr, schon gar keine faulen«, sagte Sabrina und lehnte sich entspannt und selbstbewusst zurück. »Schätzchen, jetzt ist Zeit für Champagner, frei nach dem Motto: von allem nur das Beste, und das für mich!«

Sie hatte konkrete Vorstellung von dem nächsten Trottel: intelligent, humorvoll, reich, attraktiv, ungebunden, groß, großzügig bis spendabel, treu, verspielt, gut im Bett, sie über alle Maßen liebend, Nichtraucher, Champagnerliebhaber, kinder- und hundefreundlich, Computerexperte, Automechaniker, zwei Doktortitel und drei Sprachen – mindestens. Ein ganz normaler Mann also. Ach so, Pilotenschein und Porsche wären natürlich auch nicht schlecht, aber nicht zwangsweise Bedingung.

Ronja lachte laut: »Und was soll der mir dir? Du stinknormale Hausfrau und Mutter, ständig pleite, gern auch mal mit strähnigen Haaren und nicht mehr ganz so jung? Gut, du hast 'nen Knackarsch, aber reicht der für die Richard Geres dieser Welt? Anspruch ist ja okay, nur ein Hauch von Realitätssinn wäre auch nicht schlecht. Wie sollen denn diese Träume und das normale Leben unter einen Hut gebracht werden? Außerdem ist das Leben kein Wunschkonzert, und mit deinen Ansprüchen überforderst du jeden – und vor allem DICH! Denn du wirst ihn so nie finden und wirst viel zu schnell immer wieder enttäuscht das Handtuch werfen. So kommst du nie über die Sieben-Wochen-Hürde!«

Sabrina sagte kein Wort und schluckte schwer an dem Prosecco, den ich noch in der hintersten Ecke meines Kühlschranks gefunden hatte. Nicht mal jetzt bekam sie Champagner.

Verflixte 7. Woche – Gefahren lauern natürlich überall: Da gibt's die »Selbstverständlichkeits-Gefahr«: Wenn wir meinen, nach wenigen Wochen den Partner schon bis in die hinterste Ecke seines Charakters ausgeleuchtet zu haben und ein bisschen zu selbstverständlich mit ihm umgehen, nach dem Motto: Das ist typisch Carsten. Der macht das immer so … Nur weil Ihr Liebster ein einziges Mal in einem Anfall von Übermut und Vertrautheit den Ketchupflaschenhals abgeleckt hat.

Hübsch ist auch die »Wir-Gefahr«, wenn alles nur noch im Plural gesagt, gefühlt, getan wird, wenn Sie plötzlich Ihrer besten Freundin zu Weihnachten ein Foto von sich und Ihrem neuen Liebsten schicken. »Frohes Fest wünschen dir, liebe Susanne, deine blablabla und blablabla …«

Irgendwann nach Mitternacht verschwanden dann meine Freundinnen wieder in ihr eigenes Leben – und ich saß da, schnippste zu Ellas Freude Kekskrümel vom Tisch und dachte nach. Klar idealisierte ich meinen Liebsten. Das schützte mich und ihn vor den anderen Beziehungsgefahren. Aber irgendwie dämmerte es mir, dass es auch ein bisschen ein Trugschluss ist, wenn man einfach mal das Böse weglässt und die Augen vor der Realität verschließt. Und wenn ich ehrlich bin – so gaaaanz ohne Fehler ist er auch nicht. Genau wie ich. Aber wer ist das schon …

Die besten Freundinnen – für immer!

»Is ja gut. Wir kommen. Ja. Du hast es doch gehört: WIR kommen. 20 Uhr bei dir. Soll ich was mitbringen?«

»Ja, IHN!«, schnauzte Sabrina, die zu einem Essen einlud und meinen Liebsten inzwischen nur noch für ein Phantom hielt, weil sie ihn noch nie gesehen hatte. Sie hatte Recht, ich hatte mich wochenlang erfolgreich davor gedrückt, ihn vorzuzeigen. Nicht, dass er nicht vorzeigbar wäre – er sieht ja wirklich auch gut aus –, aber es ist die schwierigste Prüfung unserer jungen Liebe: die Absolution der Freunde! Sie wissen eigentlich ja alles, kennen unsere Geschichten, liegen quasi mit im Bett, aber sie wissen nicht, wie er riecht, wie seine Stimme klingt, welche Chemie er ausstrahlt und wie schnell er im Kopf ist. Und das muss man bei meinen Freunden sein, sehr schnell…

Ich machte mir Gedanken, wie ich ihn auf diesen großen Tag vorbereiten könnte: Verstehen Sie mich nicht falsch, meine Freunde sind schon durchaus herzlicher, als die zauberhafte Vierer-Clique meines Liebsten, aber sie sind das stressigste Prüfungskomitee, was man(n) sich vorstellen kann. Ich hatte vorher natürlich alle extrem gebrieft: »Wenn du es wagst, Jörg, nachher einen testosterongeschwängerten Stierkampf hinzulegen, knall ich dir ein paar. Ich will auch nicht, dass du fragst, ob er mich ernähren kann! Und Ronja, wenn du auch nur ein dämliches Beispiel von älteren Frauen mit jungen Männern nennst, wenn du mich ein einziges Mal

Demi rufst, werde ich sofort mit Heulen und Schreien beginnen. Verstanden? Und ich will auch keine Worte wie süß, niedlich, ach Gottchen oder zauberhaft hören. Bitte, bitte, bitte. Seid einfach nur lieb.«

Ich war extrem nervös, mein Liebster nicht. Er dachte nicht eine Sekunde, wie ich damals, über sein Outfit nach. Nur darüber, ob er Blumen für die Gastgeberin besorgen sollte. Wie süüüüß! Ach Gottchen, war er nicht niedlich, geradezu zauberhaft!

Hand in Hand klingelten wir, und ich redete, redete, redete. Ich versuchte, die Situation und meine Nervosität mit Worten zu betäuben. Zusätzlich zappelte ich wie eine Springmaus im Laufrad. Haben Springmäuse Laufräder? Huhu, ihr Lieben. WIR sind da!!! Ich klang wie mit Chemie aufgepumpt.

»Ach was,« tönte es aus Sabrinas Küche »Ihr seid da. Guck mal an. Hallo Süße, hallo Liebster…« Das war zugegebenermaßen eine der wenigen Sekunden, in der er etwas irritiert guckte. »Ich nenne dich halt immer LIEBSTER, Liebster…«, erklärte ich Sabrinas merkwürdig intime Begrüßung und warf ihr einen Mörderblick zu. Wenn sie meine Tochter wäre, hätte ich in diesem Augenblick Unterlagen sämtlicher Internate angefordert. Na, das konnte ja heiter werden.

Mir war durchaus klar, dass der Abend einige Brisanz enthielt. Grundsätzlich sind beste Freundinnen für Männer von Natur aus ein großes Mysterium. Sie wissen, dass die Freundinnen wiederum alles wissen. Über seine Ängste, seine Fusseln zwischen den Zehen, den Zustand des Haarwuchses auf dem Rücken (oder auch nicht!), seine Mutter, seine Arbeit, seine Wohnung, seine Probleme und natürlich haargenau alle Details über die aktuelle Beziehung. Das kann schon verunsichern. Wer wird schon gerne so durchleuchtet wie von der CIA? Man braucht nicht mal Richtmikros oder Geheimkameras – für die Verbreitung aller wichtigen Informationen sorgt die Liebste auch unaufgefordert.

Männer befürchten, dass nichts mehr geheim bleibt. Und sie haben natürlich Recht. Coole Jungs finden sich damit ab, Unentspannte müssen lernen und einsehen, dass es nie anders sein wird.

Die Zeiten haben sich für heterosexuelle Männer in Beziehungen ohnehin dramatisch verschlechtert, weil sie ihre Frau jetzt auch noch mit einem schwulen Mann teilen müssen. Was eigentlich erstaunt, denn Schwule sind ja keine direkte Gefahr. Vielmehr verunsichert sie die Tatsache, dass sich die »Schwestern« komplett in das Gefühlsleben von Frauen hineindenken können. Was für heterosexuelle Männer allein schon an ein Wunder grenzt.

Mein Liebster lehnte völlig entspannt an der Küchentür und wartete auf weitere Kommandos seiner entnervten Springmaus. Ich gab pausenlos idiotische Regieanweisungen, wer wo zu sitzen hat, in welche Schüsseln die Nudeln passten, welches Dressing für den Salat wie gemacht werden sollte und von wem, und zwischendurch zuppelte ich noch an seinem Hemdkragen, weil ich mich nicht entscheiden konnte, ob sein oberster Knopf offen oder doch lieber geschlossen sein sollte.

Trotz allem hielt ich mich für ungeheuer lässig – ist schon so 'ne Sache mit der Selbstwahrnehmung. Das klappte gute zehn Minuten, bis dann Ronja kam, meine Hand nahm, mich aufs Klo zog, die Tür verriegelte, mich gewaltsam auf den Badewannenrand setzte und presste: »Atme! Atme! Atme!« Ich musste ziemlich bescheuert geguckt haben. »Du benimmst dich wie deine eigene Mutter. Was ist denn nur los? Es ist doch nichts passiert… Du tust gerade so, als erwartest du jeden Moment eine Bombenexplosion. Schatz, wir sind's! Deine Freunde! Deine ältesten und besten Freunde! Die dir ganz viel Liebe und Glück wünschen. Keiner will dir oder ihm was Böses. Also ATME!«

»Ja, eben. Euch meinen Liebsten vorzustellen ist der gleiche Stress für mich wie vor der Abi-Prüfungskommission. Und glaube mir, Ronja, ich weiß, wovon ich rede: Da bin ich auch beim ersten Mal durchgefallen!«

Am liebsten hätte ich jetzt ein bisschen geweint. »Jetzt fang bloß nicht an zu heulen! Es ist doch alles gut!«

»Aber ihr habt mir noch keine Zeichen gegeben, wie ihr ihn findet! Wie soll ich denn da die Spannung aushalten? Ich mag gar nicht darüber nachdenken, wie er sich fühlen muss!«

»Schatz, du bist vor 15 Minuten gekommen und bist seitdem am Rotieren wie ein Kuckuck bei Vollmond in einer frisch aufgezogenen Schwarzwalduhr! Wir hatten ja noch gar keine Chance zu reden. Aber sei sicher: Er sieht gut aus, ist furchtbar nett, passt toll zu dir. Du hast die richtige Wahl getroffen. Und der einzige Grund, warum er sich hier bei uns komisch fühlen könnte, bist nur du, deine Nervosität und dein Rumgezuppel an ihm. Ist ja furchtbar, wie 'ne Mutter bei ihrem Frischgeschlüpften! Also: ATME! Und jetzt Schluss mit dem Kindergarten. Wir haben alle Hunger.«

»Du, warte…, ich habe da nur eine klitzekleine Frage, bevor wir zu den anderen gehen. Findest du, ich meine, äh, denkst du, äh, also sieht man was?«

»???« Sie sah mich mit großen, ratlosen Augen an. »Bist du schwanger?«

»Nein, um Gottes willen. Ich meine… Den äh…, also die äh…, die sechs Jährchen?«

»Wenn du so guckst, sind's zwölf. Und mit jeder Minute, die du hier sitzen bleibst, wird's ein Jährchen mehr. Jetzt hör auf zu heulen, Klemmsuse, und komm!«

Ich stand also auf, wusch mir die Hände, sah kritisch in den Spiegel, lächelte meine beste Freundin an und wollte gerade die Toilette verlassen, als es ihr rausrutschte: »Aber einen Kinderpass hat er nicht mehr, oder, Demi?« Sie rannte kreischend durch die Wohnung. Ich ersparte mir die Verfolgungsjagd und erfreute mich stattdessen am Anblick meines Liebsten, der längst in trauter Runde mit meinen Freunden saß, überhaupt kein bisschen fremdelte, laut Geschichten erzählte und auch überhaupt nicht wie sonst manche meiner Ex-Freunde auf irgendwelchen Prüfständen zu stehen schien.

Es wurde ein schöner Abend. Nur Jörg konnte sich nicht ganz beherrschen und baggerte ein bisschen unfein an meinem Liebsten. »Schade, schade, dass du ausgerechnet das Schnittchen meiner besten Freundin bist. Harrrrrr, ich LIEBE heterosexuelle Männer, euch unverbrauchte Dinger. Also wenn du es dir mal anders überlegen solltest, Schätzchen…« Zum Glück reagierte er komplett unverklemmt. »Na, dann gib mal deine Nummer. Falls sie mich mal rausschmeißt, weiß ich ja wohin!« Bingo! Wem scheuer ich zuerst ein paar?!

Okay, wir lachten alle. Und ich vor allem über mich und meine typischen Panikattacken. Während die anderen den Abwasch erledigten, ging ich allein auf den Balkon eine rauchen. An dieser Stelle wollte ich einfach mal für mich allein meinen Freunden danken: Okay, ihr Süßen da drin in der Küche. Ich weiß, wie nervig ich manchmal sein kann, gerade wenn ich so unter hormoneller Spannung stehe wie jetzt. Erst erzähle ich euch detailliert jeden noch so kleinen Pupsschritt stundenlang in Ich-so-er-dann-so-Geschichten, dann lebt ihr mit mir jede Krise aus, nachdem ihr wochenlang auf mich verzichten musstet, weil ich im Liebeswahn untergetaucht bin, dann muss Hilfe her, weil ich nicht allein für ihn kochen kann, dann haltet ihr geduldig die Füße still, bis ihr ihn endlich zu sehen bekommt. Und wenn euch dann tatsächlich mal einer nicht gefällt, sagt ihr es sehr höflich erst einmal trotzdem nicht. Danke!

Stunden später, auf dem Weg zum Auto, nahm mein Liebster mich in den Arm und flüsterte: »Also einen guten Hintern hat Jörg schon! Aber im Freundeskreis wird ja nicht gewildert!« In dieser Sekunde hätte ich gerne mein Gesicht gesehen… Ich wusste gar nicht, dass mein Liebster SOOO viel Humor hat!

Hasi, Mausi, Schnuppi

Sabrina hat für jeden Kerl einen Kosenamen: Der mit dem Seegrundstück auf dem Land ist ihr »Cowboy«, ein anderer wird nachts gern auch mal zum »Tiger«, und dann gibt's noch eine Reihe von Schatzis, Adlern und sonstigen Merkwürdigkeiten. Besonders hübsch ist der »Muschelöffner« – ich überlasse es Ihrer Phantasie, diesen Namen seiner vollen Bedeutung zuzuordnen.

Ronja hatte mal einen »Liebbabbär«, der kam gleich nach dem »Muckelmann«. Meine Mutter hatte mal einen, den hat sie immer »Dicker« genannt – und er nannte sie »Dicke«. Da nahm ich schon zu, wenn ich das nur hörte. Ich bitte Sie, wo bleibt denn da die Würde? Welche Frau möchte wirklich, auch in den verschmustesten Momenten, »Dicke« genannt werden? Ich nicht!

Mein Liebster und ich sind da natürlich ganz anders. Wir nennen uns bei unseren Vornamen. Was? Liebster? Das schreibe ich ja nur … Nein, das stimmt natürlich nicht. Neulich ist es passiert. Da rutschte mir ein »Schatz« heraus. Der langweiligste, austauschbarste und am häufigsten gebrauchte deutsche Kosename für diesen außergewöhnlichen, einzigartigen, sensationellen Mann. Dabei erinnere ich mich noch ganz genau an Silvester 1995, als ich mir geschworen habe, das nie wieder zu tun. Damals hatte ich gerade eine »Hasi, Mausi, Schnuppi«-Beziehung hinter mir – Sie erinnern sich vielleicht, es war der chaotische Musiker. Überhaupt nahm ich mir vor, beim nächsten Mann alles anders zu machen. Ich wollte auch keinem meiner zukünftigen Partner mehr mit Zahnbürste im Mund beim Pipimachen Gesellschaft leisten. Ich glaubte damals, das sei irre intim und näher ginge es nicht. Na ja ...

Zehennägel schneiden, Augenbrauen zupfen und Pickel quetschen – eben das ganze Programm – sollte in Zukunft nur noch mit mir allein stattfinden. Und jetzt das!

Natürlich hat er so getan, als sei nichts passiert. Ich wurde knallrot, seine Reaktion war eine Nichtreaktion auf mein herausgerutschtes »Schatz«. Aber das Schlimme daran ist, einmal gesagt, liegt es mir irgendwie immer auf der Zunge und rutscht ständig raus. Gelegentlich höre ich seit diesem Zeitpunkt auch von ihm mal ein »Süße«. Und dann kann ich mich einfach nicht entscheiden, ob ich das romantisch finde oder schon das Ende meiner frischen Beziehung am Horizont sehe: einhergehend mit dem Verlust von Respekt, Achtung, Distanz und Wahrung sämtlicher Menschenrechte.

Denn, machen wir uns nichts vor: Spitz- und Kosenamen sind wie ein Stigma, das einen auch öffentlich gern mal der Lächerlichkeit preisgibt und an einem klebt wie Pech.

Ist es nicht das Peinlichste überhaupt, wenn der Bayernchef seine Gattin »Muschi« nennt? Nein, wir reden hier nicht vom Fußballverein, sondern vom Regierungschef. MUSCHI – ich würde sterben! Was genau meint er mit dem Wort Muschi, in welchem Zusammenhang steht es – für ihn? Für uns?

Gut, von Prinz Charles wussten wir, dass er Camillas Tampon sein wollte. Und seine Ex Diana wurde beim Liebesgeflüster am Telefon belauscht. Ein Rittmeister namens James Gilbey nannte sie in diesem Gespräch 14 Mal sein »Tintenfischchen«. Die halbe Welt hat darüber lauter gewiehert als alle Pferde von Prinzessin Anne zusammen.

Es ist aber nicht so, dass nur in England blaublütige Königskinder ihren verbalen Unsinn treiben: Hierzulande gibt's ja die Familie von Hohenzollern – deren Mitglieder haben schon einige merkwürdige Namen. Zum Beispiel: Ferfried oder besser bekannt als »Foffi«. Diesen sensationellen, beeindruckenden und standesgemäßen Nonsensnamen hat ihm eigentlich nur eine noch nicht blaublütige, unglaublich reiche, vorbestrafte Witwe, Kosename »Sweety«, geben können.

Da bin ich mit meinem »Schatz« doch eigentlich ganz harmlos. Okay, das ist nicht besonders kreativ, aber ich unterscheide mich da nicht von etwa 60 Prozent aller Deutschen, die ihren Liebsten »Schatz« nennen. Dicht gefolgt von »Hase«, »Hasi« oder »Bärchen«. Während Männer ihre Mädels mit »Maus«, »Engel« oder »Mausi« rufen. Es gibt aber auch wahre pulitzerpreiswürdige Namen: »Bonsai-Adonis«, »Nugatprinz«, »Daddy-Musch«, »Elfenpopöchen«, »Krawallbiene« und »Wohnungswechsel«. Letzteres klingt schon so sinnlich, sozusagen Erotik pur. Allerdings würde mir als »Krawallbiene« in bestimmten Situationen nicht mehr viel gelingen.

Schwere Verliebtheit und Kosenamen stehen in einem direkten, kausalen Zusammenhang. Rosarote Wolken verkleben Gehirnmassen zu zuckerwatteähnlichem Matsch. Die meisten Kosenamen kommen aus dem Tierreich. Nun gut, Tier und Mensch gleichen sich ja in vielen Fällen erheblich.

Meine Analytikerin Frau S. findet Kosenamen, glaube ich, sehr albern, erzählte letztens aber (ja, manchmal spricht sie sogar) von einer Statistik, aus der hervorgeht, dass Kosenamen-Beziehungen stabiler seien. Sie zeugen irgendwie von verspielter Zuneigung und liebevoller Zugewandtheit.

Die Frage ist nur, ob man eine Beziehung will, in der aus »Mausi« und »Schatzi« später »Mutti« und Vati« werden. Stellen Sie sich vor, er raunt ihr ins Ohr: »Machs mir, Muddi«. Ich möchte brechen.

Wenn zwei sich streiten, sollten sie nicht die unfaire Waffe eines Kosenamens einsetzten: Ein gehauchtes »Eselchen« erinnert während flammender Liebesstunden an flauschige Ohren und sanfte Blicke. Ein »Du blöder Esel« während eines Streits verunglimpft eine ganze Tierrasse. Genauso ist es mit extrem intimen Kosenamen, die eigentlich das heimische Schlafzimmer nicht verlassen sollten: »Pupsi« vielleicht, oder »Bumsi« oder »Ficknudel«, »kleine Sau«, »Bumshengst«…, na Sie wissen schon (hab ich mir nicht ausgedacht!). Hilfe, ich möchte mal kurz an dieser Stelle klären, dass meine Generation und ich diese Achtzigerjahre-Pornosprache nicht mehr verwenden. Auch wenn ich das bei aller Liebe zu Retro auch über John-Travolta-Saturday-Night-Fever-Schlaghosen gesagt habe.

Kosenamen sind etwas ganz Besonderes: Sie erinnern an Liebe, Kindheit, Fürsorge, komplette Ahnungslosigkeit und verspielten Irrsinn: Mein Vater nennt mich immer nur »Tochter«, mir rutscht da schon manchmal ein gut gelauntes »Alter« heraus. Als Kind war ich für ihn »Schnullerbacke« oder »Julchen«. Meine Kusine nennt mich manchmal heute noch »Schnulle« – dann geht mir das Herz auf, und ich bin wieder sechs und glücklich.

Kosenamen beflügeln ja nicht nur die Phantasie des Namensgebers.

Sabrina zum Beispiel hat entweder zu oft »Ein Fisch namens Wanda« gesehen, oder sie hat eine interessante Sexualität: Wenn ein Mann sie »Fifi«, »Fufu«, »Lili« oder »Lulu« mit einem leicht französischen Akzent nannte, kroch sie schon mal auf allen vieren mit hängender Zunge voraus ins Schlafzimmer.

Besonders gemein war's entweder bei Aldi an der Kasse, in einem überfüllten Bus oder bei seinen Eltern! Bei dem Wort »Lulu« sah sie sofort aus wie ein fickwilliges Eichhörnchen. Manchmal machten wir Mädels uns einen Spaß daraus, ihren kleinen Tick an passender Stelle zu verraten. Wir drückten einem Kerl einen Fünfer in die Hand und ermunterten ihn, mit einem gesäuselten »Fifi« an ihr vorbeizuschlendern. Sie war sofort orgasmusbereit und erinnerte ein bisschen an die berühmte Szene aus »Harry und Sally«. Wir sind uns einig: Sabrina hat definitiv eine Macke. Vielleicht gibt's ja Gruppenrabatt bei Frau S., meiner Analytikerin!

Wahrscheinlich liegt die Wahrheit wie so oft in der Mitte – wem's gefällt, der soll's tun!

Es gibt so puristisch veranlagte Menschen (meistens Architekten), die schon beim Aussprechen des Vornamens denken, sie hätten damit ein Ehegelübde abgegeben. Und dann gibt's die, die sich sogar täglich neue reizende, kleine, possierliche, zauberhafte, schwachsinnige Namen einfallen lassen.

Das einzig Wichtige dabei ist (das richtet sich jetzt an Sie, meine Herren!), dass Sie mit zunehmendem Alter und Gewicht Ihrer Liebsten gegenüber nicht irgendwann doch mal aus dem Mäuschen von früher eine Elefantenkuh von heute machen!

Liebe – die dunkle Seite

»Man kann wunderbar ohne Liebe leben. Ich war doch so glücklich mit mir allein. Ich hatte meinen Dildo und meine Ruhe. Nur wenn du die Liebe wieder spürst, weißt du erst was du vermisst hast. Du bist rückfällig geworden…, und wenn es dann wieder vorbei ist, fühlst du dich wie ein Junkie – auf Drogenentzug.« Sabrina lag weinend in meinen Armen, und ihre Tränen tropften auf meine neue (!) Seidenbluse, die ich gerade passend zu meiner neuen Haartönung für 398 Euro, immerhin reduziert von 578 Euro, gekauft hatte. Falls Sie jetzt nach Luft schnappen: Sie ist nicht mein teuerstes Stück. Ich habe da einen feuerroten Kaschmirpulli, der fast so viel gekostet hat wie ein Monat Miete! Diesen Kauf hat mir meine Freundin nie verziehen. Ich mir auch nicht. Zumal ich das Mistding nie anziehe, weil ich leider finde, dass es mir überhaupt nicht steht!

Sabrina heulte immer noch, und ich schluckte – nur teilweise wegen der Bluse (auch wegen des Dildos). Sie tat mir unendlich Leid. Eben noch so glücklich, und jetzt wie Bambi nach dem Verlust der Mutter. Oh mein Gott, Liebe ist ein ewiger Kreislauf, genauso wie das Leben mit seinen Liebesgeschichten. In der einen Minute himmelhoch jauchzend und dann zu Tode betrübt.

Damit war überhaupt nicht zu rechnen, es hatte doch alles gepasst, gestimmt und wunderbar harmoniert. Gestern waren wir noch zu viert aus und jetzt das? Ein heulendes

Häufchen Elend. »Was ist denn nun los?«, fragte ich immer noch völlig verwirrt. Meine beste Freundin weinte, weinte, weinte und konnte keinen klaren Gedanken, geschweige denn einen Hauptsatz formulieren. Bis es aus ihr herausplatzte: »Er ist pervers«, schluchzte sie. »Ein perverses Schwein.«

Ohgottohgottohgott... ich war mir nicht sicher, ob ich verkraften würde zu erfahren, was genau das Perverse an ihm ist. »Ich wollte doch nur mal wieder verliebt sein.«

Was? Ja, war sie es denn nicht? War sie denn nicht verliebt in ihn? War sie am Ende nur verliebt in das Gefühl, die Idee, die Illusion? Was sagt sie da? Wollte mich doch NUR mal wieder verlieben! Klingt ja wie NUR mal schnell um die Ecke zum Kaufmann, wie NUR mal schnell 'ne Currywurst gegen Heißhunger, wie NUR mal Achterbahn fahren wegen der Langeweile.

Wie war es eigentlich bei mir? Sabrinas Panik übertrug sich auf mich. War ich vielleicht auch schon vor ihm verliebt – also in das Gefühl, die Idee, die Illusion, und war er nur mein Mittel zum Zweck? Nach sieben Single-Jahren ein sehr willkommenes Mittel. Nein, ich liebte ihn wirklich. Es war nicht der Wunsch nach Liebe, es WAR Liebe. Es IST Liebe! Behaupte ich tapfer. Wissen kann ich das jetzt wohl noch nicht.

Meine Herzfrequenz hatte mittlerweile die eines panischen Kanarienvogels mit freiem Blick auf eine hungrige Katze erreicht. »Was ist denn nun passiert?«, versuchte ich irgendwie zu Sabrina vorzudringen. »Es ist immer die gleiche Scheiße. Du lässt dich auf einen Typen ein und kriegst wieder voll in die Fresse. Es tut einfach so weh.«

Klar tut es beschissen, fucking weh (später muss ich dringend mit ihr über ihren Wortschatz reden!). Keiner gibt einem eine Garantie auf schmerzfreie Glückseligkeit bis ans Ende unserer Tage. Wäre auch kaum auszuhalten. Wir leben ja von Höhen und Tiefen, Glück und Unglück, Lachen und Weinen, Lieben und Hassen – eben allen diesen Gefühlen, die uns Menschen ausmachen. Sabrina jaulte in dieser Sekunde noch mal auf wie ein Rehpinscherwelpe ohne Mamis Zitze.

Also jetzt ist langsam mal Schluss hier. Ich schob sie beherzt von meiner inzwischen total durchnässten Seidenbluse (die Farbe passte sowieso nicht zu meiner neuen Haartönung!) und holte eine Packung Kleenextücher. »Ich will jetzt wissen, was passiert ist!« Resolut platzierte ich sie aufs Sofa, drückte ihr ein Kissen in den Rücken und eines zwischen die Hände und sah ihr aufmunternd ins Gesicht.

»Okay. Also … ist mir ein bisschen peinlich. Du weißt doch, dass der Uli so äh, also äh, also im Bett… So ein bisschen anders ist. Der ist total frei. Der traut sich was. Der hat keine Hemmungen, keine Komplexe, lebt die freie Liebäääää…« mehr kam im ersten Anlauf nicht raus. Sie heulte schon wieder.

»'n Tee? Yogi-Tee hilft immer, Spätzchen.« Nach zwei weiteren Stunden hatte ich dann das Puzzle so ungefähr zusammengesetzt. Um es kurz zu machen: Er war ein Anhänger der hiesigen Swingerclub-Gemeinschaft. Sie kannten inzwischen jedes Etablissement zwischen Berlin und Hamburg. Sie war auch anfangs aus Neugier gern mal mitgegangen. Nur so, an der Bar stehen, Salzstangen knabbern, Cocktails süffeln und mit hochrotem Kopf gucken – und das möglichst so, als sähe sie nicht überredet, sondern überzeugt aus von dem, was die anderen so zu bieten hatten.

Im Grunde ist Sabrina eine sehr bodenständige Person, die wildem, hemmungslosem Sex nicht wirklich was abgewinnen kann. Sie dachte bei der Blümchen-Nummer in erster Linie mehr an Verhütung als an Lust. Und dann so was. Eigentlich wollte sie mit ihm nie wieder in irgendwelche Clubs, da überreichte er ihr ein großes, wunderschön verpacktes Geschenk.

Ein Strauß bunter Skurrilitäten aus der letzten Beate-Uhse-Jahreskollektion. Eine Lackhose mit Loch, Handschellen, irgendein Gummiring, den *er* sich irgendwo da unten rummacht, damit er länger kann (das Teil war nach Sabrinas Beschreibungen ganz hübsch – zunächst hielt sie es allerdings für ein Armband), eine Augenbinde aus Gummi, zwei Riesenmurmeln..., na ja und so weiter. Sie schluckte ihren Schreck runter und dachte munter: Gut, vielleicht wird's ja mit der passenden Ausrüstung irgendwie netter. Skifahren macht ja auch nur Sinn mit Skiern.

Doch was sie dann erleben musste, überschritt definitiv ihre Geschmacks- und Leidensgrenze: Er vögelte vor ihren Augen erst die eine andere, dann die nächste andere, dann die dritte andere... Zwischendurch brachte er ihr einen rothaarigen Versicherungsangestellten mit Schmerbauch vorbei, der in seiner Freizeit auch als Straps-Vertreter durch Deutschland tingelte – Einzugsgebiet Nordwest – und der an diesem Abend nun auch mal ihr eine intensive Beratung geben wollte. Er fragte doch tatsächlich: »Darf ich Ihnen Geschlechtsverkehr anbieten?« (durch und durch höflicher Vertreterton), und die geschockte, aber wohlerzogene Sabrina antwortete stotternd: »Das ist sehr nett, dass Sie fragen, aber danke. Heute nicht.«

Seit diesem Vorfall weinte sie, bis jetzt. Ununterbrochen. Sie hatte weinend ihre Klamotten gegriffen, weinend ein Taxi gerufen, weinend meine Nummer gewählt und saß nun bei mir – ihre Augen kaninchenrot, die Tränenkanäle ordentlich durchgespült, die Nase verstopft, das Entsetzen grenzenlos und das Herz gebrochen.

Ich nahm sie an die Hand und schleppte sie und Ella in den Park. Frische Luft tat uns jetzt allen gut. Und so hing jede ihren eigenen Gedanken nach.

Man lernt jemanden kennen, verliebt sich, findet ihn super und verdrängt natürlich jede Vermutung über dunkle Seiten, die man nun mal nicht so super finden könnte. Einer von Sabrinas Ehemännern zum Beispiel war der beste Freund von Johnny Walker und hat sie fast in den wirtschaftlichen Ruin getrieben, weil er in jeder zweiten Pinte auch mal Lokalrunden warf – von ihrem Geld.

Ronja hatte mal einen, der war so gestört und voller dunkler Seiten, dass sie vor Nachtblindheit gar nichts mehr erkennen konnte. Er war alles, wirklich! Koksabhängig, bulimisch, Puffgänger, Lügner, Betrüger. Er hatte neben ihr eine Geliebte und eine Freundin – fragen Sie mich bitte nicht nach dem Unterschied und wie er das alles gemanagt hat. Außerdem hat er sich immer heimlich seine Beine mit Selbstbräuner eingeschmiert – wenn Sie mich fragen, war das das Geschmackloseste von allem! Er war ein so geschickter Taktierer und Lebenslügner, dass er Ronja fast um den Verstand brachte. Vier Jahre lang. Vier Jahre, in denen sie unzählige Male in sein Handy guckte, seine Post heimlich öffnete, Brieftasche, Kontoauszüge, Spesenrechnungen, Sakkotaschen ständig ausspionierte und trotzdem bei ihm blieb. Aus Liebe?

Kann man sich von so was wirklich jemals wieder erholen?

Meine Gedanken hingen bleischwer. Ich könnte jetzt auch noch die Geschichte von Reinhard erzählen, dachte ich. Damit habe ich meine Mädels immer gekriegt, egal wie schlimm und böse die Welt war. Reinhard (an sich ein lieber Mensch, und ich wünsche ihm von Herzen, dass er inzwischen zur Therapie geht) war das spießigste, geizigste, langweiligste, verklemmteste Arschloch, gefangen im Körper eines George-Cloony-Kevin-Costner-Johnny-Depp-Verschnitts (und keine Ahnung, wer ihm das beigebracht hat, aber küssen konnte der!). Alles andere war unter aller Kanone: Beamter im Finanzamt, was zu einem ständigen Misstrauen beiderseits führte. In seiner knappen Freizeit während der Arbeit sammelte er sämtliche Sonderangebote aller Discountmärkte der Stadt, und wehe, ich gab einen Cent mehr aus für Butter als in dem Laden, 37 Kilometer von zu Hause entfernt! Restaurants hielt er grundsätzlich für Verschwendung, an jeder Supermarktkasse kontrollierte er jeden einzelnen Posten auf der Rechnung, was das Einkaufen für alle – mich, die Kassiererin und alle anderen Kunden – zu einer Geduldsprobe machte.

Eine Rentnerin, die normalerweise selbst etwas länger brauchte, schob ihm eines Tages dermaßen zornig den Einkaufswagen in die Hacken, dass wir den Nachmittag im Krankenhaus verbringen mussten. Fragen Sie nicht, in welchem Zustand anschließend der Arzt, die gerufene Polizei, der Anwalt, drei Monate später der Richter und am Ende meine Mutter waren. (Von DIESEM Mann wollte sie ausnahmsweise mal kein Enkelkind.) Er kontrollierte den Energieverbrauch meiner Heizung und bestand darauf, dass ich während des Zähneputzens das Wasser abstellte. An Spieleabenden war's besonders schlimm. Nicht nur, dass er meine Gäste klugscheißerisch belehrte, indem er ihnen die Spielregeln selbst bei »Mensch ärgere Dich nicht« vorsichtshalber noch mal rezitierte. Er achtete peinlich genau auf die korrekte Ausführung eines jeden Spielzuges, hasste es zu verlieren und war die geborene Spaßbremse. Alkohol- und Nikotinverzehr mussten in seiner Gegenwart eingestellt werden.

Übrigens – als ich gar keinen Spaß mehr an ihm hatte (jetzt ließen auch nächtliche Turnübungen schlagartig nach), kaufte ich mir diesen sündhaft teuren roten Kaschmirpulli und präsentierte ihm den samt Rechnung. Vielleicht hätte ich ihm vorher eine Ladung Baldrian in den Hintern pusten sollen, in den ihn kurz darauf mein Fuß trat und ihn für immer aus meinem Leben kickte.

Ja, auch das ist eine sehr dunkle Seite, die das Zusammenleben quasi unmöglich macht. Aber auch ich hab's nicht gleich erkannt.

Nun gut – es sind ja nicht nur die Männer, die uns Frauen blind vor Liebe ins Dunkle tappen lassen. Viele Frauen sind einfach nur auf der Suche nach Sponsoren und deshalb recht großzügig im Verteilen ihrer Gunst. Auch Frauen lügen, betrügen, hintergehen und schlagen. Wenn es allerdings ein Miststück trifft wie den Ex meiner Freundin Kerstin, dann hat die dunkle, böse Seite einiger Frauen auch mal echt was Gutes: Der Typ schleppte eigentlich alle hübschen Mädels ab – immer wieder. Doch dann fand er seine Meisterin. Gut fünf Wochen war er mit dem schönsten Mädchen seines Tennisclubs zusammen, sie sahen sich jeden Tag, er gab furchtbar mit seinem neuen Porsche und seinen Liebeskünsten an. Dann, an einem schönen Tag Anfang Mai, strahlte ihn das Beauty an und sagte lächelnd: »Ach, habe ich dir eigentlich eine Einladung gegeben? Ich heirate doch nächste Woche.« Er war sprachlos. Sie hatte längst einen reichen Sylter Geschäftsmann gefunden, fuhr inzwischen das neueste Porsche-Modell (ein Geschenk zur bevorstehenden Hochzeit), fühlte sich rundum sowohl finanziell (viele Grüße nach

Sylt!) als auch sexuell (911 ist auch hübsch!) befriedigt und schob den Club-Gigolo mit einem Lächeln zur Seite. Nach drei Tagen fand er seine Sprache wieder (was ich persönlich ein bisschen schade finde!).

Ich nahm Sabrina an die Hand, ratterte im Geiste alle dummen Sprüche meiner Oma durch: »Wenn eine Tür sich schließt, öffnet sich eine andere«, oder »Die Zeit heilt alle Wunden« oder »Wenn die Nacht am dunkelsten ist, ist der Morgen am nahsten« oder »Nüscht wird so heiß gegessen wie es gekocht wird« oder »Lieber ein Ende mit Schrecken als ein Schrecken ohne Ende« oder »Andere Mütter haben auch noch schöne Söhne«. Ich entschied mich dann doch, einfach mal die Klappe zu halten und mit ihr die Schwäne zu füttern.

PS: Ich habe noch einen: Die Liebe ist ein seltsames Spiel!

Plötzlich auf dem Fußballplatz

Picasso war nicht nur ein begnadeter Künstler, sondern auch ein Lebemann und Frauenheld. Wussten Sie zum Beispiel, dass er einer seiner Angebeteten einen besonders hässlichen Blumenstrauß geschenkt hat? Nicht, weil er hässlich war, sondern weil er so sicher sein konnte, dass sie sich ihr Leben lang daran erinnern würde! Lustig, oder? Picasso war sowieso ein irre interessanter Typ – allein die rosa und blaue Phase und dann diese Kubismus-Geschichte! Wow! Als ich all diese faszinierenden Facetten dieses großartigen, einzigartigen Ausnahmekünstlers meiner Freundin Sabrina erzählte, pöbelte sie mich unverhältnismäßig unterbelichtet an: «Seit wann interessierst du dich für Picasso und was willst du mir über Kubismus erzählen, du Kunstnull?»

Nun gut, meine Leidenschaft wurde im wahrsten Sinne des Wortes wachgeküsst. Mein Liebster kennt sich mit Kunst aus – nein, das reicht nicht. Er weiß einfach alles, verehrt die großen modernen Künstler des 20. Jahrhunderts, ist geradezu besessen von den Stilrichtungen, von denen ich mal im Kunst-Grundkurs gehört und sie dann augenblicklich wieder vergessen habe. Ach je, da fällt mir gerade meine Abi-Arbeit im Fach Kunst ein. Ich habe einfach mal die Bilder, die ich verschiedenen Epochen zuordnen sollte, nicht erkannt und war auch nicht in der Lage, irgendwelche sinnvollen Interpretationen zu Papier zu bringen. Hätte die Aufsicht, meine Lateinlehrerin, nicht heimlich die Bilder in die richtige Reihenfolge geschoben, wäre ich somit auch beim zweiten Mal durchs Abitur gefallen. Danke, Frau Dörn! Obwohl, wenn Sie mir nicht die ganzen Fünfen in Latein...

Aber ich habe aus meiner Pleite gelernt – um zu gewinnen, muss man gut vorbereitet sein. Das heißt: Recherche, Information, Strategie, Merkfähigkeit, schnelles Überblicken der wichtigsten Details und das Talent, sein neu erworbenes Wissen geschickt, unauffällig, geradezu zufällig als eine selbstverständlich lang gewachsene Basisbildung dem Objekt der Begierde unterzujubeln. Sprich: Einfach mal schön auf die Kacke hauen! In der Praxis sah das so aus: Irgendwann erzählte mein Liebster von seiner Kunstleidenschaft. Ich merkte mir das Thema und lenkte ihn sofort mit heißen Küssen ab, stopfte ihm damit buchstäblich den Mund, um mich nicht gänzlich zu blamieren. Zu Hause schmiss ich den Computer an und vertiefte mich für die nächsten siebendreiviertel Minuten in den Artikel »Picasso in Stichworten«, den ich mir im Groben einprägte. Mut zur Lücke!

Jetzt galt es, mein erlangtes neues Wissen geschickt in den Raum zu werfen. Die Kasse meines Supermarktes erschien mir ideal. Ich griff nach einem Schokoriegel und sagte in mich versunken, also quasi nebenbei, irgendetwas ziemlich Schlaues. In etwa so: Ach, interessant. Wie bei Picasso. Im Kubismus werden ja auch alle Themen auf simple geometrische Formen reduziert. Na gut, im späteren Kubismus, dem synthetischen Kubismus, da werden ja auch verschiedene Ansichten eines Objekts oder einer Person simultan aus verschiedenen Blickwinkeln in einem Bild dargestellt. Dieser Schokoriegel erinnert mich aber sehr stark daran.

Natürlich musste ich mich hoch konzentrieren, um diesen wirklich schwierigen Satz irgendwie fehlerfrei und so lapidar wie möglich über die Lippen zu kriegen.

Er reagierte anders, als ich es mir gewünscht hatte. »Was sagst du, Schatz? Ich habe gerade nicht zugehört. Gibst du mir mal die Möhren rüber, bitte.«

Aha, so einfach war's also nicht zu glänzen. Zum Glück gab's ja die große Picasso-Ausstellung in Berlin, zu der ich wenigstens Karten organisieren konnte. Immerhin, das machte schon mal so richtig Eindruck. Das war der Auftakt zu einer grauenvollen Zeit: Um ihm zu imponieren und irgendwie vorzuheucheln, dass ich auch für die Kunst geboren sei wie er (ach, wir sind doch Seelenverwandte!), schleppte ich ihn von einer langweiligen Vernissage in Berlin zur nächsten. Meine Erfahrungen mit Galeristen und vor allem Galeristinnen und anderen Pseudo-Kunstliebhabern bestätigten sich jedes Mal aufs Neue: schwarz gekleidet, billigen Rotwein schlürfend, mit bedeutungsschwangerer Miene vor Bildern stehend, nie lächelnd, mit Frisuren, die bestimmt unheimlich en vogue sein sollten und auf mich einfach nur schlecht gekämmt und ungewaschen wirkten. Dazu kam unsägliches intellektuelles Geschwätz über Kunst, die Szene in New York und welcher Dreijährige der Künstler der Zukunft werden würde. Eingebildete Säcke, wenig unterhaltsam, eigentlich aus der konservativen Ecke kommend, aber sich mit moderner Kunst selbst in den hippen Himmel der Bohemiens erhebend. Gerne auch mit drei Buchstaben zwischen Vor- und Zunamen, allenfalls drei Semester Kunstgeschichte studiert und mit Papis Kohle ausgestattet. Nein, ich mochte sie nicht. Aber ich hatte sie jetzt fast jeden Abend.

Die Geister, die ich rief – schon wieder Goethe. Wobei ich nicht ausschließen möchte, dass es auch nette Leute in der

Kunstszene gibt – ich habe sie nur nicht getroffen. Aber ich tat das ja alles aus Liebe, wobei ich mich insgeheim fragte, wie lange ich dieses Programm durchstehen würde.

Bei Sabrina war's anders, aber doch ähnlich: Um ihrer neuen Liebe zu imponieren, zog es sie jedes Wochenende auf den Fußballplatz, zusammen mit einem vier Meter langen Schal in den Vereinsfarben seines Lieblingsclubs. Ich erwischte sie ab und zu auch am Telefon: Sonst war sie entweder im Nagelstudio (er stand auf lange Krallen) oder beim Frauenarzt – wegen der permanenten Blasenentzündungen, die sie sich in den Fußballstadien holte. Inzwischen hat sie gelernt und beherrscht die Fußballerfrauenregeln aus dem Effeff: wollene Unterwäsche, zwei Paar Socken und ansonsten Latte halten, Pfeife blasen und Bälle aufpumpen! Da hatte ich ja noch irgendwie Glück mit meinen Galerien.

Sabrinas Freund hat allerdings auch den höchsten Einsatz gezeigt: Sonntags war Fußball – sein Programm – und samstags Ballett – ihr Programm. Sie liebte Ballett. »Giselle«, »Dornröschen«, »Schwanensee«, »Nussknacker«. Aber auch hin und wieder die moderne Variante, bei der nackte, blutverschmierte Körper Schlangentänze vollführen. Diese Abende verlangten ihm besonders viel ab. Und – Sabrina bestand auf eine gewisse Etikette. Seine geliebten Jeans durfte er nicht anziehen, sondern musste mit Schlips und Kragen in die diversen Tanztempel! Neidisch guckte er auf all die anderen, die mit Freizeitkleidung kommen durften. Irgendwie fühlte er sich nicht nur vollkommen deplatziert, sondern auch noch als falsch aufgerüschter Pfau unter lauter Normalos. In England wäre er vermutlich in diesem Aufzug überhaupt nicht ins Theater gekommen. Wirklich! Das müssen Sie mir jetzt glauben: In London gehen Menschen mit Plastiktüten in die Nachmittagsvorstellungen. Wahrscheinlich wollen die sich da nur ein bisschen aufwärmen...

Keiner weiß so richtig, wie es rauskam, aber irgendwann klärte sich die Not zwischen Sabrina und ihrem Freund. Er täuschte Kopfschmerzen vor, und sie musste mit einer Freundin in die Ballettvorstellung. Und beide waren am Ende glücklicher: er, weil er sie ausgetrickst hatte und zu Hause bleiben konnte – bei Fußball im Fernsehen, den Füßen auf dem Tisch und der Bierflasche in der Hand. Und Sie, weil ihre Freundin genauso viel Spaß an dem bizarren Balzen auf der Bühne hatte wie sie. Und es machte offensichtlich viel mehr Sinn mit jemandem ins Theater zu gehen, der nicht alle 20 Sekunden fragte: Wie lange noch, Schatz? Und auch nicht jedes Mal nach Sinn, Choreographie, Technik und Hintergrund bohrte. Schön auch, wenn man mit jemandem geht, der eine Pause auch als solche versteht und nicht jedes Mal denkt: ach, zu Ende! Endlich! Geschafft! Puh! Nein, Schatz, nur Pause. Dornröschen muss doch erst noch aufwachen!

Am nächsten Sonntag schummelte sie, wenigstens ein bisschen. Ihre Blase zwirbelte schon wieder sehr! Also blieb sie bei einem Liebesfilm im Fernsehen, Füße unter der Decke, Wärmflasche auf dem Bauch und einem schönen Yogi-Tee in der Hand zu Hause.

Er hatte beim Fußball Spaß wie schon lange nicht mehr, weil er nicht jedes Mal die Abseitsregel erklären musste und auch nicht, auf welches Tor »unsere« Mannschaft schießt oder welche Farbe denn diesmal ihre Trikots haben.

Beide hatten in beiden Fällen ein schlechtes Gewissen, weil sie ohne den anderen so ein gutes Gefühl hatten. Es war Zeit für ein Gespräch. Zum Glück war's ein sehr kurzes. Beide wussten im Grunde sofort, worum es ging. In einer feierlichen Geste überreichte sie ihm ihren bescheuerten Fanschal (der von der Farbe ohnehin nie zu ihren Haaren gepasst hatte), und er schenkte ihr sein sündhafte teures Opernglas, was ihm sowieso immer extrem uncool und tuntenhaft vorgekommen war.

Damit hatte ich aber noch nicht mein Galerie-Problem gelöst. Da ich aber um die Erleichterung von Sabrina und ihrem Freund wusste, war mir klar, dass ich unserer Liebe damit nicht schadete und seine Gefühle auch nicht verletzte, wenn ich meine Galeriebesuche auf ein Minimum reduzierte. Ganz im Gegenteil: Für ihn war meine Mühe um Karten und mein junges Wissen aus dem Internet Liebesbeweis genug.

Denn ob Sie es glauben oder nicht: Irgendwie hat er gewusst, dass ich mich nur sehr oberflächlich für Kunst interessiere.

TIPP

Klar macht es Spaß und Sinn, am Anfang ganz auf seinen Schatz eingehen zu wollen, seine Welt, seine Interessen und Leidenschaften kennen zu lernen. Das ist schön und erweitert den eigenen Horizont. Außerdem möchte man ja auch jede Sekunde gemeinsam wie ein großes Abenteuer erleben und auskosten. Aber verbiegen Sie sich nicht! Letztendlich kann man dazulernen, bleibt aber doch immer derselbe Mensch und riskiert unter Umständen nur viele Blasenentzündungen. Und es ist gesund und verständlich, seinen Teil des Lebens zu behalten und zu kultivieren. Denken Sie immer daran, dass Sie das Programm, das Sie am Anfang fahren, in diesem Tempo niemals durchhalten können. Irgendwann kommt jeder an den Punkt, wo er nicht mehr Interesse vorgaukeln kann oder will. Dann halten wir es doch lieber wie in der Anti-Fett-Margarine-Werbung: Ich will so bleiben, wie ich bin. Du darfst…

My home is my castle – oder ...

... zeige mir, wie du lebst, und ich sage dir, wie du tickst!

Das trifft es eigentlich immer. Fragen Sie mal Ihre Freundinnen nach Männerwohnungen! Von Bruchbude bis Palast ist wahrscheinlich alles dabei. Gut, der Palast vielleicht seltener – aber auch das soll schon vorgekommen sein. Würde ich ja auch gern mal erleben. So einen Multimillionär, stilistisch voll auf der Höhe, mit Häusern in Miami, London, Paris – nee, besser noch Côte d'Azur – Südafrika ist ja auch gerade sehr angesagt. Ach so, Berlin natürlich. Stadtwohnung am Ku'damm und in Mitte und ein Landsitz im Grunewald. Ist doch nicht zu viel verlangt, oder?

Die Häuser und Wohnungen sind natürlich alle von schwulen Inneneinrichtern gestylt, die Möbel durchdesignt und gerade auf der letzten Messe mit Preisen überschüttet – sozusagen die Antiquitäten der Zukunft!

Allein beim Anblick meiner Küche zerplatzen alle meine Freundinnen vor Neid – völlig wurscht, ob auch nur eine von ihnen kochen kann. Allein das Öffnen der Schubladen mit einem minimalen Fingerdruck, das sanfte Herausgleiten und völlig geräuschlose Schließen hat orgiastische Qualitäten! Wow, wow, wow – immerhin befinden sich da 40 Kilo teuerstes Porzellan und Silber drin.

Der Kamin ist der Mittelpunkt eines jeden Zimmers, und

will ich Musik hören, drücke ich ein kleines Knöpfchen an der Wand – an jeder Wand! Natürlich Flatscreens überall – im Klo ist er leider ein bisschen klein ausgefallen! Selbstverständlich wohnt in jedem unserer Anwesen das sehr nette Butlerehepaar – sie macht den Haushalt, er den Rest. Der französische Koch, der mich morgens nach dem gewünschten Härtegrad meines Frühstückseis fragt und nach der Auswahl des Dinners am Abend, reist gelegentlich auch mal mit. Vor allem, wenn wir in unser Haus nach Long Island reisen und den Präsidenten zu einem gemütlichen und sehr privaten Essen erwarten.

21, 22, 23…, mein Blutdruck beruhigt sich gerade wieder etwas! So was gibt's – aber nicht in meinem Leben. Nö, die Realität ist echt härter.

Da war mal einer, der wohnte in seinem Büro. Auf anderthalb Zimmern. Wir mussten pünktlich vor zehn aus der gemeinsamen Lusthöhle und Schlafstätte ein funktionales Büro zaubern. Punkt zehn kam nämlich seine Sekretärin. Klappcouch, kein Bett. Teppich, wahrscheinlich aus den Siebzigern. Fliesen im Badezimmer eher aus den Sechzigern. Schüssel – Fünfzigerjahre! Der Urinstein auch aus der Zeit. Die Küche war so verkeimt, dass ich unter spontaner Appetitlosigkeit litt, sobald ich sie nur betrat. Sie war aber auch so klein, dass sie mit vier unabgewaschenen Tellern und zwei dreckigen Gläsern komplett überfordert war. Und dazwischen überall Technik, Technik, Technik. Zeugs, was Jungs irre glücklich macht! Fernseher, Videorekorder, Kabel – wie kann ein Mensch so viele Kilometer Kabel sammeln, rote, gelbe, schwarze, weiße – Keyboards, Gitarren, Noten, Papier, Berge von Papier und dazwischen eine kleine, zart aufkeimende Liebe. Er war Musiker und ich sooooo verknallt. Sonst hätte ich das gar nicht ausgehalten, mir eher einen oder besser gleich zwei verschiedene Pilze geholt. Wir waren trotzdem vier Jahre zusammen, bis meine Stauballergie nicht mehr aufzuhalten war und er die Frau seines Lebens fand – eine die aufräumte, putzte und wischte.

Da hätte sich echt ein »Einsatz in vier Wänden« gelohnt – aber vielleicht wäre selbst die dicke Tine daran gescheitert.

Kerstin kam da mal an einen, der die Wohnung seiner Eltern übernommen hatte – mit allen Möbeln! Im Schlafzimmer dominierte das Astronautenbett mit eingebauten Radios und Winnie-Puuh-Biberbettwäsche. Hatte auch seine Mutter dagelassen, als sie für immer nach Mallorca zog (hätte ich auch gemacht, bei der Einrichtung!). Im Wohnzimmer die Schrankwand, genau, Modell »Gelsenkirchner Barock«, dazu schwarze, schwere, tiefe Couchen mit unzähligen Knöpfen, die sich beim Sitzen schmerzhaft in den Po bohrten, und davor ein merkwürdiger Holztisch mit eingelassenen Kacheln drauf. Okay, er hatte den Achtzigerjahre-Geschmack seiner Eltern übernommen. Gibt's nichts dran zu rütteln.

Zu einem pathologischen Fall wird's dann, wenn der Typ sich gemütlich mit Winnie-Puuh und Radio in die Nacht kuschelt, wenn er sich so wohl fühlt in diesem furchtbaren »No-Go« einer Wohnungseinrichtung, dass er selbst wie ein Stück Interieur wirkt: eingestaubt, müde, langweilig und alt. Nach zwei Nächten und schrecklichen Alpträumen von »Räuber Hotzenplotz« und »Hanni und Nanni« verschwand Kerstin für immer – nicht, ohne vorher ein Glas Orangensaft in das Bett-Radio geschüttet zu haben. Da hat wohl ihr stark beanspruchtes Unterbewusstsein reagiert, sie konnte also quasi nichts dafür. Sehr viel später hat sie dann über tausend Ecken erfahren, dass er ein kleines Vermögen dafür ausgegeben hat, das Radio originalgetreu wieder reparieren zu lassen, der Idiot.

Okay, es gibt auch das andere Extrem von pathologischem Fall einer Wohnungseinrichtung. Sabrina schleppte mal einen an, der auf den ersten Blick eigentlich ganz normal wirkte. Aber dann begann er zu renovieren. Wohlgemerkt: Die Wohnung war vorher komplett in Ordnung, aber nicht, wenn man ein Zwangsneurotiker ist – wie er! Er wollte Lack – an allen Wänden (dabei hatte er weder Hunde noch Kinder, sodass er irgendetwas von den Wänden wischen müsste!). Lack ist giftig und stinkt. Wozu dann? Kann ich mich danach drin spiegeln? Nachdem der vierte Maler mit Vergiftungserscheinungen im Krankenhaus lag, fand er endlich einen, der offensichtlich lackresistent war und ihm auch gut genug erschien, die Luxusware an seine Wand zu schmieren. Der Prozess allein dauerte vier Wochen, weil der Maler alle Wände – und wenn ich alle sage, meine ich alle – mindestens dreimal streichen musste, bis es perfekt genug war. Nach diesen vier Wochen war sein Gehirn schlicht benebelt (was vieles erklärte, aber nicht alles entschuldigte), und Sabrina nahm Reißaus, als er begann, die Wohnung mit genau dieser Besessenheit neu einzurichten. Das überstieg ihre Geduld, ihre Kräfte und ihr Nervenkostüm. Der Auslöser für den spontanen Wunsch, für immer aus dieser Beziehung zu fliehen, war, dass sie aus Versehen mit ihren sauberen (!!!) Straßenschuhen ein winziges Stück Teppich betrat und er ihr einen Vortrag über die Verkeimung an dieser Stelle hielt. Nee, das war eindeutig zu viel.

Stellen Sie sich mal vor, in so einen Patienten verlieben Sie sich ernsthaft? Wie soll denn das jemals gehen? Wenn Sie also eine gemeinsame Zukunft planen, gucken Sie sich sein Zuhause ganz genau an – schließlich wollen Sie ja eventuell die nächsten Jahrzehnte ohne Alpträume und aufkeimende Neurosen mit Ihrem Schatz glücklich und zufrieden in einer gemeinsamen Wohnung leben.

Die 32 Jahre alte Grundschullehrerin, die gern bastelt und in ihrer Freizeit Gitarre spielt, im Sommer zeltet und im Winter Ferien im einsamen Norwegen macht, zieht mit einem kunstverrückten plastischen Chirurgen zusammen, der seinen Gästen Filzpantoffeln überstreift, bevor sie das Haus betreten dürfen, die teuersten Architektur- und Inneneinrichtungszeitungen immer zur Hand hat und beim Geschlechtsverkehr am liebsten ein Handtuch drunterlegt. Wo die Liebe hinfällt!

Aber wer sollte für dieses Paar eine Einrichtung bauen? Hier werden zwei so unterschiedliche Leben zusammengeworfen, und man ahnt jetzt schon, dass sie wohl kaum die Chance auf Silberhochzeit haben.

Ich weiß, wovon ich spreche. In meiner vorletzten Wohnung war ich so bekloppt, dass ich eine Farbberaterin engagierte – zu einem horrenden Honorar im Übrigen. Die kam mindestens zehn Mal, zu jeder Tages- und Nachtzeit, bei jedem Wetter, weil sie die Lichtstimmung in allen Zimmern, zu allen Gelegenheiten testen wollte. Am Ende war dann mein Flur mintgrün, das Wohnzimmer taubenviolettblau, Flur zwei golden, Esszimmer pastellgrün, das Büro wassertürkis und das Schlafzimmer dramatisch rot-rot-rot gestreift – drei verschiedene Rottöne, die irgendwie zum roten Samt der Vorhänge passten. Im Nachhinein kann ich jeden Mann verstehen, der sich bei so viel Tamtam schwerst unter Druck gesetzt fühlte. Mein Spleen ging so weit, dass ich beim Kauf eines Pyjamas fast durchgedreht wäre. Ich konnte mich für keine Farbe entscheiden: Hätte ich einen gekauft, der ins Schlafzimmer passt, wäre ich im Wohnzimmer, auf dem Weg zum Klo, ein Fall für die Farbpolizei geworden. Ich gewöhnte mir vorrübergehend an, nackt zu schlafen, und dachte dringend über eine Frau wie Frau S., meine kurz danach engagierte Analytikerin, nach. Nach meinem Umzug war ich dann schlauer – in meiner jetzigen Wohnung habe ich mir diesen Zirkus erspart. Die Wände sind jetzt alle zartzartzart-altrosa mit einem Hauch von beige. Okay, im Bad sind die Wände mit Stoff bezogen. Nur in der Küche hat's mich noch mal gerissen: Ich wollte eine Frida-Kahlo-Küche in zwei verschiedenen Lilatönen – überall Madonnen, Kitsch, und der Papst hängt da auch. Der alte natürlich!

Für meine Analytikerin Frau S. eine sichtbare Verbesserung meiner Neurosen. Und ich kann jetzt Schlafanzüge in allen Farben kaufen.

Als ich die Wohnung meines Liebsten zum ersten Mal betrat, war ich nervös, angespannt und kaute sechs von zehn Fingernägeln durch. Schließlich wusste ich aufgrund meiner und der Erfahrungen meiner Freundinnen um die Ernsthaftigkeit dieses Augenblicks.

Ein verschlampter Technikfreak, ein Zwangsneurotiker mit Hygienetick oder ein Mann, der im Bad die HSV-Fan-Handtücher stapelte, die er sich zum 14. Geburtstag gewünscht hatte, und ansonsten noch die Einrichtung aus seinem Kinderzimmer bewohnte – all das hätte nie funktioniert. Aber was soll ich sagen, auch in diesem Punkt hatte ich Glück: Seine Wohnung war wie meine – nur in männlich. Gut, die Küche war jetzt ein bisschen sachlich, nüchtern, kühl – aber nach weiteren vier Wochen stand auf seinem Kühlschrank eine Madonna, umringt von einer chinesischen Lichterkette, Orchideen und einer Postkarte mit dem Bild vom Papst! Dem alten natürlich!

Im Grunde ist es am einfachsten, wenn Sie den erlesenen

Geschmack haben und es ihm scheißegal ist. Dann setzen Sie sich einfach durch, wenn Sie irgendwann zusammenziehen. Kompromisse müssen ja nicht sein. Wer in Winnie-Puuh-Biberbettwäsche pennt, interessiert sich wahrscheinlich ohnehin nicht für die Namen der Designer, die für die diversen, sündhaft teuren Sitz-, Wohn-, und Liegeelemente verantwortlich zeichnen, die genau nach Feng Shui ausgerichtet, passend in der Wohnung verteilt sind.

Schwieriger wird's, wenn zwei designverliebte Hobby-Inneneinrichter aufeinander stoßen, zwei, die alle Zeitschriften zum Thema Architektur abonniert haben, wissen, welche Designer gerade im MOMA in New York gefeiert werden und welcher Künstler in dieser Saison unbedingt an ihre Wand muss. Da wird unter Umständen die gemeinsame Wohnungseinrichtung zum Kriegsschauplatz, und verhandelt wird ähnlich hart wie bei der Zusammenlegung von zwei internationalen Großkonzernen.

Damit Sie nicht Ihr Waterloo erleben, müssen Sie hart streiten – um jedes Ihrer Lieblingsstücke. Wenn Sie das also alles auf sich zukommen sehen und trotzdem darüber nachdenken, mit ihm zusammenzuziehen, arbeiten Sie geschickt und strategisch perfekt nach Machiavelli einen weibischen Geheimplan aus. Machen Sie ihn einfach abhängig von sich und Ihren Lieblingsmöbeln. Oder brechen Sie in eine Bank ein, gewinnen Sie im Lotto, erben Sie ein stolzes Sümmchen und kaufen Sie das riesige Haus auf Long Island, gleich neben meinem …

Unser erster Streit

Klong. Ich hörte dieses Geräusch sehr genau. Das war ich. Ich war gerade von Wolke sieben grausam hinabgestürzt auf den Boden der Realität und hatte mir schwerste Prellungen auf der Seele zugezogen. Bis eben war ich noch eine glücklich verliebte Frau gewesen. Und bis eben hatte ich nicht gewusst, dass man sich innerhalb von 27 Sekunden entlieben kann. Für immer!

Wir hatten uns gestritten. Würden uns nie wieder lieben können. Ganz ausgeschlossen.

»Doch, doch, das geht. Hab ich auch schon mal genau so erlebt!«, sagte Kerstin, die dreifache Mutter, die ich natürlich sofort angerufen hatte.

»Süße, ich kenne das Gefühl. Eben ist es noch die große Liebe, und plötzlich willst du ihm den Schädel spalten. Eben noch hast du dich mit ihm in 40 Jahren gemeinsam auf der Parkbank sitzen sehen, und einen Moment später willst du deine Koffer packen, ihn verlassen und zu deiner Mutter zurückgehen. Und das, obwohl du noch nicht mal zu ihm gezogen bist.«

Bei Kerstin begann die Katastrophe an einem schönen Sommertag am Berliner Schlachtensee. Eigentlich wollte sie mit ihrem Schatz nur rudern gehen. Sich sanft vom Wasser schaukeln lassen, direkt ins blickdichte Schilf fahren und dann hemmungslos und wild knutschen und so…

Womit sie überhaupt nicht gerechnet hatte, war sein

sportlicher Ehrgeiz. Nüscht da mit Romantik. Nicht etwa, dass er ihr ins Boot half. Sie musste sich schon allein über die wankenden Planken hinweg irgendwie ein Plätzchen ergattern. Und kaum dass er saß, riss er sich auch schon die Ruder unter den Nagel und haute in die Riemen. Wie ein Bekloppter strebte er offensichtlich den Seerekord an. Wahrscheinlich wollte er sich mit den Joggern am Ufer messen. Jeder Versuch von Kerstin, a) sie selber mal rudern zu lassen oder b) ein wenig Tempo aus dieser Aktion zu nehmen, scheiterte kläglich. Sie hätte brechen mögen bei seiner Machoansage: »Komm, lass mal, hm? So kommen wir ja nie vom Fleck, ha ha ha!« Also ruderte er, und sie schmollte so vor sich hin.

Langsam spürte sie, wie sich der strahlend blaue Sommerhimmel genau über ihr merklich verdunkelte. Da zogen doch Gewitterwolken auf? Während ihm der Schweiß von der Stirn tropfte (lecker) und die Muskelberge unter seinem T-Shirt anschwollen, unternahm sie einen weiteren Versuch, ein bisschen Romantik in diesen vermurksten Nachmittag zu bringen. »Guck mal, Süßer, die vielen knutschenden Pärchen, wie hübsch die da so in ihren Bötchen vor sich hin dümpeln. Wollen wir nicht auch mal 'ne Pause machen…«

»Gerne, aber pass auf, dahinten ist es noch schöner. Wir sind ja gleich da.« Eine halbe Stunde später fragte sie: »Wie lange ist denn gleich?« Er antwortete nicht mehr. Während Kerstin schon an den langen, langen Rückweg dachte, ruderte er immer noch um sein Leben.

Jetzt sagte auch sie nichts mehr. Und wurde saurer und saurer und saurer. Als sie endlich da waren, fand sie es nur doof da, und er musste sich erst mal ausruhen. Nach unendlichen fünf Minuten des Schweigens und Apfelsaftschorle-Schlürfens (wegen der Energie) guckte er auf die Uhr, sprang erschrocken auf – das Boot wäre beinahe gekentert – und rief: »Scheiße, wir müssen zurück, das Boot abgeben. Wir sind ja schon fast zwei Stunden unterwegs!« Ach nee …

Kerstin schwor sich: Ich rudere nicht, auch nicht wenn dir die Arme abfallen! Selbstverständlich hatte er auch nicht vor, das Ruder aus der Hand zu geben. Und jetzt erkannte sie ganz genau an seinem Gesichtausdruck: Nur für ihn sollte Withney Houston »One Moment in Time« singen, ja, er wollte nur einmal ganz oben auf dem Siegertreppchen stehen und die Goldmedaille um den Hals gehängt bekommen! Gott! Er spielte Olympia, während sie im Geiste ihren großen Auftritt bzw. Abgang plante. Eine Wagner-Inszenierung sollte es werden!

Nach zwei weiteren Stunden auf dem See bei absoluter Funkstille zwischen beiden war's dann mit der Ruhe vor dem Sturm vorbei! Jung Siegfried wollte von seiner Kriemhilde ausgiebig gefeiert und bejubelt werden. Aber Kriemhilde rammte ihm ihre Eiseskälte in den Solarplexus. Sie verweigerte sich komplett – nicht sprechen, nicht anfassen, nicht angucken! Ein bewährtes Mittel weiblicher Kommunikations- und Manipulationsstrategie. Kindisch, aber funktioniert immer. »Ich will einen Mann an meiner Seite, der mit mir den gleichen Sinn für Romantik teilt!«, schrie sie ihm ins Gesicht. »Du hast mich die letzten vier Stunden schnöde missachtet, du Idiot! Ich glaube, das wird nichts mit uns.«

Was für ihn vier Stunden Sport an der schönen frischen Luft war, bedeutete für sie Ignoranz ihrer weiblichen Bedürfnisse. Und während er doof guckte, nahm sie ihre knochentrockene Badetasche und stapfte wütend an schwitzenden Menschen auf Decken und Handtüchern vorbei zum Taxistand.

Kerstin stellte nicht nur ihre Beziehung in Frage, sondern auch ihren Geschmack, ihre Verliebtheit und ihre Sehkraft (»Ich muss blind gewesen sein!«). Irgendwie schwante ihr zwar schon, dass sie sich ziemlich exaltiert, divenhaft und zickig benommen hatte, aber sie konnte beim besten Willen keinen Gang runterschalten. Dazu war sie zu stolz und zu weit gegangen. Und hatte sich auch zu dämlich aufgeführt. Sie ließ ihn wie einen kleinen Jungen stehen und wollte ihn auch tatsächlich in dieser Sekunde verlassen. Für immer!

Für immer hielt ungefähr eine Stunde. In dieser Zeit hatte er das Boot zurückgegeben, eine Marzipanrose an der Tankstelle gekauft und war ihr hinterhergefahren. Direkt vor ihrer Haustür spielte er Romeo, übergab ihr sein kleines Geschenk, guckte sie lieb an und sagte: «Schatz, trau mir, trau dir, trau uns. Lauf nicht immer so schnell weg.«

»Na gut, Kerstin, das war ja echt blöd von dir. Wegen so einer Kleinigkeit. Bei mir ist das natürlich ganz anders. Also ich glaube, das mit uns geht echt nicht mehr«, antwortete ich. »Aha. Und was ist bei euch so Schreckliches passiert?«

»Ich hab in sein Handy geguckt«, sagte ich ein wenig schuldbewusst und spürte sofort ihr blankes Entsetzen. »Du hast WAS?« »Kerstin, ich hatte eine Intuition. Ich gehe doch nicht ohne Grund an sein Handy.« Sie wissen ja: seine Ex. Die lag mir schon lange im Hals und auf der Seele. Na ja, und dann habe ich halt mal so geguckt.

»Und was stand da?«, fragte Kerstin mit kullerrunden Augen ob meiner abgebrühten Schnüffelmethoden. »Ich bin nicht Miss Marple, und ich habe das noch nie vorher getan. Aber ich konnte nicht anders…« »Wasstandda?« »Danke für den schönen Abend gestern. Lass ihn uns schnell wiederholen.«

Sie schwieg und schluckte.

Zehn Sekunden später fragte sie vorsichtig:

»Von wem war die SMS?«

»Von ihm. An seine Ex. Ich habe seine gesendeten SMSen gelesen, die empfangenen waren gelöscht.«

»Und was bedeutet das?«, fragte Kerstin.

»Dass ich meine Tasche packte, ihn sitzen ließ und hörte wie ›klong, klong, klong‹ mein Herz die Treppe runterkullerte.«

»Was ist schlimmer: dass er sich mit ihr getroffen hat oder dass er es dir nicht gesagt hat?«

Alles war gleichermaßen schlimm. Ich hatte das Gefühl, damit sei unsere Basis zerstört.

»Lass ihn doch mit seiner Ex quatschen«, mischte sich jetzt auch noch Sabrina ein, die sofort zum Krisengipfel angerauscht kam. »Mein Freund damals war ja viel schlimmer. Ihr wisst schon, Hans-Peter, der Typ mit den Versicherungen, wo Job und Name gleichermaßen gewöhnungsbedürftig waren. Der hatte mir nach vier Wochen erzählt, wie scheiße er meine Tochter, meine Erziehungsmethoden und die Art und Weise unseres Umgangs fand. Das muss man sich mal vorstellen: keine Ahnung von Kindern, aber Sprüche klopfen wie ein Doktor der Erziehungswissenschaften!« Sabrina hatte sich nach diesem Gespräch sofort getrennt; und damit war der erste Streit auch der letzte.

Aber wie kommt es, dass der erste Streit so viel auslösen kann? Dass plötzlich die Beziehung in Frage gestellt und die gemeinsame Zukunft »weiter oder Schluss« eine Millimeterentscheidung wird? »Ist doch logisch«, sagte Sabrina. »Man kennt sich kaum, ist extrem verletzbar, weil man sich gerade ein wenig aus seinem Schneckenhaus getraut hat, was in zunehmenden Alter und mit wachsenden schlechten Erfahrungen ja immer schwieriger wird. Und man hat Angst, auf der Strecke zu bleiben. Nach dem Motto: Bevor du mir was kannst, bin ich schon lange weg! Wir sind nicht mehr so »neu«, dass wir uns völlig blind auf das Abenteuer Liebe einlassen: Wir haben ein Leben! Und wir lernen uns kennen und hoffen, dass beide Leben irgendwie zusammenpassen, kompatibel sind. Wir befürchten im tiefsten Innern, dass es den Hundertprozent-Mann wohl wirklich nicht gibt. Immerhin sind wir bereit, einige Abstriche zu machen, aber nur bis zu unserer eigenen Schmerzgrenze. Bei mir war's meine Tochter, bei Kerstin die Ignoranz ihres Freundes, bei dir sein Verhältnis zu seiner Ex.«

Kerstin, Sabrina und ich haben gelitten wie Hunde – nicht essen, nicht schlafen, nicht ohne Handy aufs Klo. Sabrina und ihr Freund haben's nicht geschafft. Kerstin hat ihrem Ruderkönig natürlich noch ungefähr 799 Medaillen umgehängt, bevor sie ihn verließ und ich… Ich beschloss, ihm zu glauben, dass er nur mit ihr Kaffee trinken war, und es zu akzeptieren und ein bisschen zu ignorieren, dass er ein Liebesleben vor mir hatte.

Allerdings muss ich natürlich einräumen, dass ich mich grundsätzlich gerne auch mal streite. Am liebsten über Banales. Ich mag das mediterrane Temperament bei Auseinandersetzungen, das geistige Reiben aneinander, heftige Auftritte mit kraftvollen Argumenten und auch mal wirkungsvollem Türenschmeißen! Richtig Spaß macht es, wenn mein Streitpartner mitspielt.

Und ich liebe leidenschaftliche Versöhnungen… Aber das ist ein anderes Kapitel.

Zwei Tage ohne ihn

»Wir haben uns gestritten. Ich habe meine Tasche gepackt und bin abgehauen. Und jetzt sind wir beide damit beschäftigt zu denken, was der andere wohl gerade denkt, und wissen dabei so wenig. Er denkt, dass ich denke, was ich denke, was er denkt. Dabei weiß er gar nicht, was ich denke. Woher auch. Ich weiß ja auch nicht, was er denkt, denke aber zu wissen, was er denkt. Ich weiß ja nicht mal selbst, was ich denken soll. Verstehen Sie mich?«

Meine Analytikerin Frau S. blieb wie immer stumm. Herrgott, konnte sie denn nicht einmal, wenigstens nach so viel abgesondertem Gefühlskauderwelsch, eine menschliche Reaktion zeigen? Schließlich war ich in Not und sie meine teuer bezahlte Therapeutin. Mir ging es schlecht, ich war unglücklich und einsam. Himmelarschundzwirn, konnte sie nicht mal einen einzigen Satz sagen? Eine Anleitung, die mir den Weg zurück in mein Glück zeigte? So eine Art Beipackzettel für Beziehungen in Not?!

Gerade in diesem Moment fragte ich mich mal wieder, welchen Sinn Therapiestunden bei einer Analytikerin, die mir mit schönen, übereinander geschlagenen, schwarz bestrumpften Beinen gegenübersaß, eigentlich haben? Wieso erzählte sie mir denn nichts von sich? War sie verheiratet? Hatte sie Kinder? Was hatte sie für Macken? Mochte sie keine lilafarbenen Veilchen, und hatte sie Angst, über Brücken zu laufen?

Wäre es nicht wirklich fair, wenn sie aus sich nicht immer so ein Geheimnis machen würde? Mich auch in ihre intimsten Momente einweihte? Nein. Definitiv nicht. Ich wollte es nicht wissen! Aber was ich sofort, in dieser Sekunde, augenblicklich, sozusagen JETZT wissen wollte war, wie ich aus diesem Dilemma rauskommen sollte, in dem ich mich befand. Seit zwei Tagen hatte ich nichts von ihm gehört. Okay, er auch nicht von mir. Funkstille – seit 36 Stunden, 24 Minuten und 21, 22, 23 Sekunden… Seine letzte SMS lautete: »Flieg nicht zu hoch!« Ich bitte Sie, was war denn das: Flieg nicht zu hoch? Ich habe sie 422 Mal gelesen, meiner Mutter, allen Freundinnen und natürlich Frau S. vorgelesen (ich konnte mir diesen Satz einfach nicht merken!) und forderte alle auf, mit mir diesen simplen, dennoch wahrscheinlich höchst komplizierten, bedeutungsschwangeren Gedanken meines Freundes (war er es noch?) zu analysieren.

Ich fühlte mich schrecklich. Ich hatte natürlich auf diese SMS geantwortet: »Wer im Glashaus sitzt, sollte nicht mit Steinen werfen.« Total bescheuert. Aber mir fiel in dieser Sekunde einfach nichts ein. Anstatt mal ein Stündchen abzuwarten, das Temperament runterzuschrauben und die Wut verrauchen zu lassen, hackte ich wie eine Blöde ins Handy. (Man sollte es mir einfach wegnehmen in solchen Momenten. Und kein Wunder, dass heute noch mehr Ehen scheitern. Wie viele Dinge blieben ungesagt, hätte man diese SMSen nicht erfunden!)

Tja, und nun: der Super-GAU! Die letzte SMS kam von mir, und er hat nicht geantwortet. Eine Grippe mit 39,9 Grad Fieber, zwei gebrochene Rippen und Migräne zusammen könnten nicht furchtbarer sein als der Zustand, in dem ich mich befand. Ich war todunglücklich, konnte aber leider sehr gut essen, wollte mich auf nichts anderes konzentrieren, war nicht bereit, mich ablenken zu lassen, und hörte traurige, melancholische Musik, die das alles noch viel, viel schlimmer machte. Schwarze Bluesmusik, ausgedacht von geschundenen Sklaven auf den Baumwollfeldern im Süden der USA. Ich wollte ein Eis. Oder zwei. Vielleicht auch mit Sahne.

Zum ersten Mal hatte ich übrigens mein Handy nicht ausgeschaltet, während ich auf die Beine von Frau S. starrte. Es lag neben mir, auf leise gestellt, und ständig schielte ich zwischen Bein und Handy hin und her, ob nicht doch eine SMS mein Handy zum Leuchten brachte. Also, da war er bestimmt – war eben noch vorbeigefahren. Vorbeigefahren stimmt auch nicht ganz: Ich hatte mit Ronja, Burger, Pommes und einem Liter Cola vor seiner Wohnung hinter einem großen LKW geparkt – um mal so zu gucken. Doch, doch, er war da. Wir saßen übrigens die ganze Nacht im Auto. Das war so aufregend wie der erste Kuss mit Michael Z. und genauso wenig schön.

Problematisch war nur die Polizei, die in dieser schönen Wohngegend alle zehn Minuten Streife fuhr und langsam auf die beiden ketchupverschmierten, colaverklebten und burgergestopften Dauer-PKW-Insassinnen aufmerksam wurde. Da waren sie schon wieder! Nach drei Stunden kamen Ronja und ich uns vor wie Bonnie und Clyde. Jedes Mal, wenn die Bullenkutsche um die Ecke bog, schmissen wir uns auf Ronjas Kommando in den Fußraum. Ich hatte ständig das Lenkrad im Magen und unzählige blauen Flecke. Ich kann auch nicht sagen, dass sich diese Aktion wirklich gelohnt hat. Erstens blieb die Situation vor und in der Wohnung vom Anfang bis zum Ende unserer Observation gleich, zweitens platzte mir morgens um fünf fast die Blase. Ich musste dringend Wasser lassen. Was ich dann auch tat, in schöner Zweisamkeit mit einem Königspudel mit Strass-spange im Pony, der gerade Gassi geführt wurde von seinem schwulen Herrchen. Dieses Riesenvieh sah mir beim Pinkeln direkt in die Augen. Die spinnen doch hier, in dieser Gegend. So was würde meinem Stadtmops nie einfallen, 'ne Strassspange! Na gut, Herrchen und Pudel waren ähnlich erschrocken wie ich. Das war auch der Anlass, diese Aktion langsam zu beenden, nicht dass ich noch wegen Erregung öffentlichen Ärgernisses drankam und die neugierigen Polizisten mich in Handschellen auf ein Käffchen im Präsidium einluden.

Dazu muss man sagen, dass ich natürlich aufs Äußerste angespannt war, während meine Freundin sich vor Lachen und Freude ihre Oberschenkel rosa schlug! Ich befürchtete schon, einen Luftröhrenschnitt an ihr vornehmen zu müssen, und muss auch sagen, dass ich ihr Verhalten nicht adäquat fand! Sie hatte mit mir zu leiden! Dass war kein Spässken hier! In zehn Jahren, vielleicht! Aber auch nur, wenn ich es wirklich restlos verarbeitet hatte.

Ich hatte natürlich auch mal angerufen – mit unterdrückter Rufnummer und selbstverständlich SOFORT wieder aufgelegt. Auf seinem Handy, zu Hause und im Büro. Ronja meinte ja, ich sei gefährdet, ein Stalker zu werden. Absurd! Aberwitzig! Ich doch nicht! Okay, hätte man jetzt denken können, nach der Geschichte mit der Liebes-Voodoo-Puppe, dem magischen Weihrauch und meiner und Ellas Atemnot!

Ich hatte in der »Vogue«, der »Amica« oder der »Elle«, ich weiß nicht mehr so genau, etwas über Liebeszauber gelesen. Nicht nur, dass ich nicht mehr wusste, wo es stand, ich konnte mich auch kaum an die genaue Rezeptur erinnern. Was zu einem – für mich völlig untypischen – Chaos führte!

160

Aus einer Kerze bastelte ich die Voodoo-Puppe (sie erinnerte nicht wirklich an ihn), schnitt ein Stück aus seinem T-Shirt raus, womit ich die Puppe umwickelte, fand noch ein paar Haare in meiner Bürste (igitt!). Seine Zahnbürste habe ich auch noch dazugepackt (jahaaaa!), anschließend ein paar Beschwörungsformeln auf einen Zettel gekritzelt und das Ganze dann mit viel, viel Weihrauch entzündet. Zum Glück riefen die Nachbarn nicht die Feuerwehr, obwohl es erheblich qualmte. In meinem vernebelten Zustand konnte ich noch erkennen, dass Ella anfing zu schielen. Süß.

Das alles erzählte ich nun schön der Reihe nach meiner Analytikerin Frau S. Ich blieb ganz ruhig, schließlich wollte ich nicht, dass sie glaubte, ich neige zur Hysterie.

Nachdem ich das erzählt und mir selbst dabei zugehört hatte, musste ich eigentlich damit rechnen, dass sie jetzt den Antrag auf Entmündigung ausfüllen oder mir zumindest den Jagdschein verpassen würde. Aber sie blieb wie immer stumm.

Also ging ich völlig unbefriedigt und ein bisschen erstaunt und beängstigt über die Abgründe meiner Seele aus dieser Stunde. Als ich gerade überlegte, wen ich jetzt mit meinem Kummer nerven konnte, vibrierte mein Handy. Ich bekam einen Herzaussetzer! »Was soll der Scheiß? Schluck jetzt endlich deinen bekloppten Stolz runter. Ich sehe sowieso überall nur dich. Ständig habe ich das Gefühl, dich oder dein Auto entdeckt zu haben. Du siehst, ich kann an nichts anderes denken.«

Denken... wir sind damit beschäftigt zu denken, was wohl der andere gerade denkt, dabei wissen wir so wenig. Genau. Jetzt hab ich's! Ich WEISS, dass er an mich denkt. So wie ich an ihn denke. Und ich weiß, dass er weiß, dass ich 'ne Macke hab. Mit der man aber sehr viel Spaß, Freude und Abwechslung im Leben haben kann. Fragen Sie mal den Königspudel und seinen schwulen Besitzer.

So kann ich nicht arbeiten –
118 SMSen die Stunde

Ich war ja nicht nur verliebt, ich war ja nebenbei auch noch berufstätig. Das bedeutete, ich musste auch in diesem Zustand arbeiten! Besonders sportlich wird es, wenn man sich nicht mit verklärtem Gesicht hinter einem PC verstecken kann, sondern in einer Talkshow Menschen zu ihrem Glück oder Unglück befragen darf, obwohl man eigentlich nur über IHN reden möchte.

Nein, man möchte eigentlich mit niemand anderem reden. Nur mit ihm. Morgens, mittags, abends, nachts und zwischendurch. Direkt oder – dem Himmel sei Dank, oder wer auch immer diese Technik erfunden hat – per SMS. 160 Zeichen voller Liebe, Leidenschaft, Sehnsucht, Lust, Gefühl, Humor ... Ein winziges Display, das die Türen zu einer rosaroten Wolkenwelt öffnet. Herrlich ... unserer Welt. Ein bisschen unangenehm nur, wenn man das Handy alle 30 Sekunden bearbeitet, während man sich in Gesellschaft befindet.

Ronja haben wir erst mal die Tastentöne ausgestellt und sämtliche Nebengeräusche eliminiert, die so ein Handy machen kann. Sie saß nämlich tagelang an der Seite ihres Chefs in einem sehr wichtigen Meeting – es ging um Millionengeschäfte, die Partner waren aus USA angereist und wollten konzentriert an den Verträgen arbeiten ..., und permanent piepste, surrte, schnurrte ihr Handy. »Du süße Sau, kann nicht aufhören, an gestern Nacht zu denken.« So ein

Satz reichte komplett, um Ronja aus der Fassung zu bringen. Ihr Poker-Geschäfts-Gesicht verwandelte sich innerhalb einer Zehntelsekunde in das eines Luders. Und während die Geschäftspartner aus den USA über Vertragspunkt 18.6, Absatz 7 diskutierten, hackte Ronja ein schnelles »Du willst es also auch jetzt« in ihr Handy und grinste noch blöder. Sie müssen sich vorstellen: das Ganze begleitet von nervtötenden Pieptönen. Unhöflich, respektlos und einfach egoistisch.

Irgendwann gingen der verliebten Ronja die Erklärungen für diesen SMS-Marathon aus, und sie wäre fast mit ihrem Handy aus dem Meeting geflogen. Im Übrigen stand sogar die Kündigung im Raum. Wer hätte dann ihre Handykosten zahlen sollen? Also rannte sie in größter Panik auf die Toilette, rief mich an und bat um technische Soforthilfe. Ich als SMS-Königin kenne alle Tricks und brachte ihr Telefon sofort zum Schweigen. Ich kann auf meinem Handy schneller SMSen schreiben als die beste Stenotypistin mit ihrem Stift.

Das allerdings setzt einwandfrei einsatzfähige Finger voraus. Mit verbundenen Daumen wird es dann schon sehr viel schwieriger. Und ich hatte solche.

Für ein Stück Fernsehgeschichte mit Jörg Pilawa musste ich nämlich innerhalb von wenigen Tagen lernen, Speiseteller aus Porzellan auf einer Stange zu drehen, damit einer Familie aus Stuttgart verschiedene Wünsche erfüllt werden konnten. Ich sollte irgendwie acht Teller zeitgleich drehen, die Stöcke abstellen und das Theater am Laufen halten. Während des Übens fielen mir die Teller immer wieder auf den Kopf oder die Hände. Nicht nur, dass mir ohnehin für diese Technik kein Talent mitgegeben wurde, ich wollte doch eigentlich nur schnell an mein Handy, um seine SMSen zu lesen... Jedes Mal, wenn also mein Handy piepste, war ich in akuter Lebensgefahr... Stellen Sie sich vor: bleischwere Teller aus Porzellan mit dem nötigen Schwung direkt in mein Gesicht...

Ich höre die Stimme des Trainers noch heute: »Frau Fisher, wenn Sie das bis übermorgen schaffen wollen, müssen Sie sich schon etwas konzentrieren.« Er dachte natürlich, dass mich dieser Mist irre anstrengen würde – das Einzige, was wirklich an meinen Nerven zerrte, war die von außen mutwillig herbeigeführte, quasi erzwungene SMS-Abstinenz! Obwohl ich wirklich hart geübt habe, und das über mehrere Tage, versagte ich dann schließlich doch in der Sendung. Ich möchte mich noch nachträglich bei der Familie aus Stuttgart entschuldigen!

Ich kann mich einfach nicht erinnern, wie ich früher meine Sehnsucht gestillt habe, als es noch keine Handys und SMSen gab. Na gut, es gab Phasen der Verliebtheit, in denen ich auf einen Anruf wartete und mich niemals mehr als drei Meter von dem häuslichen Telefon (mit Schnur!) wegbewegte. Sogar der Gang aufs Klo wurde hinausgezögert, bis die Blase fast platzte. Ich ging nicht aus, verließ die Wohnung nur widerwillig bis gar nicht und brach mir mindestens zweimal den kleinen Zeh, weil ich vom Schlafzimmer ans klingelnde Telefon ins Wohnzimmer hechtete und dabei mit dem Fuß gegen die Türkante knallte. Und dann war's nur der Mann von der Post oder der Kontraktbereichsbeamte, der mitteilen wollte, dass der PKW abgeschleppt werde.

Jetzt bin ich gefühlsmäßig ständig voll am Ball. Jeder Anfall von Verliebtheit, jede noch so kleine, nette Begegnung, jede aberwitzige Situation teile ich meinem Liebsten mit. Sofort.

Es ist ja heute beinahe schon unvorstellbar, dass zwei Menschen, die sich kennen lernen, als ersten Schritt miteinander telefonieren. Die heutige Flirt-Kommunikationsregel Nummer eins heißt: SMS schreiben! Short Message Service. Was mal als Informationshilfe gedacht war, mutiert zum »Postillon d'Amour«. Es ist ja auch viel einfacher, seine Gefühle nur so mit ein paar, wahlweise auch mit unglaublich hippen Abkürzungen gespickte, wohl und lang überlegte Zeichen ins Handy zu tippen, als sich stotternd am Telefon einen abzubrechen… Wer ein bisschen talentiert ist, schafft so locker mal die ersten schwierigen Hürden. Am Telefon ist es bedeutend mühseliger, sich aufeinander zuzubewegen. Stellen Sie sich allein bei der Terminabsprache oder Wahl eines Restaurants die schlimmen, stillen Schweigesekunden vor, wenn man geplagt und verfolgt von einer anfänglichen Schüchternheit, plötzlich den Faden verliert und sich stattdessen die Lippen blutig kaut.

Aber – nun gibt's ja nichts ohne Schattenseiten. Verflucht sei dieses System, wenn einer einfach nicht schreiben kann, nicht die richtigen Worte findet, die richtigen Buchstaben falsch aneinander reiht. Was, wenn seine SMS mehr Rechtschreibfehler enthält als sein Schulaufsatz aus der dritten?

Eine andere Falle sind die Missverständnisse, die sich ja aufgrund sehr hoher Erwartungen ergeben. Frau legt sich ins Zeug und mutiert zur Rosamunde-Pilcher-Courths-Mahler-Dichterin. »Mein Liebster. Es ist, als verschmelzen unsere Seelen, ganz nah will ich dich spüren, dich berühren, mich in dir verlieren.« Und von ihm kommt ein unglaubliches »Ja. Super. Bin dann erst mal mit den Jungs weg. Geh schon mal duschen. Tschö mit ö.« Wie bitte? Tschö mit ö? Das ist genau so asselig wie »Schüssikowski« oder einfach nur »Schüssi«. Bin ich ein Stammtischbruder? Okay, an kleinen Formulierungsschwächen kann man schleifen. Aber viel schlimmer ist, dass er nicht mal annähernd so poetisch, romantisch und gefühlvoll mit Worten umgehen will oder kann. Oder gleich über Sex schreibt, wenn man doch eigentlich nur ein bisschen »Cyber-Kuscheln« möchte. Auch dieses Exemplar gäb's bei mir nur temporär. Zur Erweiterung meines Erfahrungsschatzes, den ich ja gern mit Ihnen teile.

Noch komplizierter wird es, wenn zwei sich komplett nicht verstehen. Denn gesprochene Worte haben eine Melodie, einen Klang, eine bestimmte Betonung – man erkennt Ironie oder Liebe in der Stimme.

»Du mich auch« kann witzig sein, wenn man's sagt, und tödlich beleidigend, wenn es der eine schreibt und der andere falsch versteht. Der einfachste Weg, Humor auszudrücken, sind ja Smilies. Mein Handy hat sogar eine ganze Batterie von Smilies anzubieten mit unterschiedlichen Gesichtsausdrücken. Die Zeiten von :-) sind also vorbei. Ich finde das komplett affig, außerdem kann ich auf meinem Display sowieso nicht erkennen, was welcher Smilie für ein dämliches Gesicht macht.

Die dreizehnjährige Tochter meiner Freundin Sabrina hat mir neulich eine SMS geschickt, die mit folgender Buchstabenkombination unterzeichnet war H.D.G.G.G.D.L. Äh? Na klar, sagt Sabrina, dass wissen doch ALLE. Ja, alle Mütter vielleicht. Oder alle Menschen unter 15! Also H.D.G.G.G.D.L. heißt »hab dich ganz ganz ganz doll lieb«. Ehrlich, möchten Sie so eine SMS von einem Mann bekommen?

Welche Bedeutung SMSen auch haben können, erkennt man vielleicht erst im Fall einer Krise oder Trennung. Dann wird jedes »Ich liebe dich« zu einem Schlag ins Gesicht. Man schaut auf das Sendedatum und fragt sich, wieso er am

2. Mai seine Liebe erklärt hat und sich am 7. trennte. Und
das Schlimmste ist, dass mit jeder gelesenen SMS die Tragik
über den Verlust und das intensive Gefühl der Liebe wieder
gegenwärtig werden. Man liegt im Bett, heult vor sich hin
und quält sich mit seinen Drei-Groschen-Romanen, die
eben noch die Welt waren und jetzt Dreck sind!

Kerstin durfte da etwas ganz Spezielles erleben: Ihr Freund
trennte sich von ihr, hielt aber Kontakt. Drei Monate nach
der Trennung, an ihrem Geburtstag, stand er mit hochrotem Gesicht und vor Freude leuchtenden Kinderaugen vor
ihr. Nein, er wollte nicht zurück! Er gab ihr einen Stapel Papier – neun DIN-A4-Seiten ausgedruckte SMSen – das
ganze Liebesgesäusel, das sie ihm in den Monaten ihrer Beziehung geschickt hatte. Warum? Na ja … er fand sie einfach
schön und wollte sie für die Nachwelt aufheben. In seinem
Handy ging's nicht – er musste Platz für die SMSen seiner
neuen Freundin machen. Kerstin brach heulend zusammen, und der ganze Schmerz war wieder da.

Eigentlich wollte ich auch alle SMSen von meinem und an
meinen Liebsten bewahren. Aber erzählen Sie das mal meinem Temperament. Die Dinger werden sofort nach einem
Streit gelöscht. Umbarmherzig und unwiderruflich! Schade.

Ich heirate eine Familie

»Das Schönste an meiner ersten Scheidung war eigentlich, dass ich danach nie nie nie wieder zu meinen Schwiegereltern musste«, sagte Sabrina beim Sushi-Essen, kurz nachdem ich ihr erzählt hatte, dass dieser Samstag der große Tag wäre – ich sollte seine Familie kennen lernen. Kurzfristig war ich abgelenkt von meinen eigenen Plänen. »Was war denn so furchtbar an ihnen, dass dir jetzt noch deine Sushi-Rolle auseinander fällt?« Sabrina: »Wie lange hast du Zeit? Frag mich lieber, was nicht furchtbar war...« Sie erzählte mir den Schwiegereltern-Horrortrip ihrer siebenjährigen Ehe. Jeden Samstagnachmittag war Dienstantritt bei seinen Eltern, »Schwiemu« und »Schwiepa«. Die Bitte, sie Mama und Papa zu nennen, konnte sie nicht erfüllen – es wäre der größte Verrat an ihren eigenen Eltern gewesen.

»Mein unglaublich selbstständiger, erwachsener Ehemann Nummer 1 hatte eine derart merkwürdige Bindung zu seiner Mutter, dass er tatsächlich samstags nicht nur mit mir, sondern auch mit unserer schmutzigen Bettwäsche bei ihr auflief. Nach dem Motto: Mama macht das gerne. Sie hat ja Zeit. Monate später erfuhr ich, dass sie sich die Bettwäsche jedes Mal sehr genau angesehen hat, die Nachbarschaft über deren Zustand informierte, um sich anschließend lautstark zu beschweren, dass immer alles an ihr hängen bliebe. Sie fuhr mir über den Mund, ließ kein gutes Haar an meiner Haushaltsführung und stellte sich permanent immer wieder zwischen mich und meinen Mann. Sie forderte Konflikte heraus und erwartete, dass er sich immer auf ihre Seite stellte. Ich allein gegen den Rest seiner Familie. Ich hatte überhaupt keine Chance.«

Während ich Sabrina zuhörte, dabei übersprunghandelnd mit beiden Stäbchen in meinem Ingwer rumstocherte, sah ich das Gesicht einer meiner vorangegangenen Schwiegermütter in spe vor mir – Renate! Verwitwet, frustriert, alkoholisiert und Spätgebärende eines einzigen Sohnes. Und den hatte ich abbekommen! Christoph war eigentlich ein netter Kerl, wir haben's ja dann auch fast ein Jahr miteinander ausgehalten. Was ich zunächst noch putzig, niedlich und einfach doll fand, nämlich das Mutter und Sohn Reihenendhäuschen an Reihenmittelhäuschen wohnten, stellte sich wenig später als Scary-Movie-2-Drehbuchvorlage heraus: nicht selten, dass sie mit 1,8 im Turm im Nachthemd in seinem Garten die Hecke schnitt (selbstverständlich unter größtem Gestöhne), und das nachts um halb drei! Nein, zur vollständigen Kontrolle unseres Lebens hingen überall, an strategisch wichtigen Stellen, ausrangierte Autorückspiegel, die eine Rundumbeobachtung möglich machten. So konnte sie gemütlich in ihrer Küche picheln, dabei eine Stange in zwei Tagen wegquarzen und mit warmen Füßen aktiv an unserem Leben teilnehmen. Ich vermutete auch immer irgendwelche Abhöranlagen, konnte ihr das aber nie beweisen!

Und sie traf ich Jahre später irgendwann an der Kasse eines Supermarktes wieder. Es erstaunte mich, dass sie bei dieser Lebensführung überhaupt so lange lebte, das zähe Luder! Während ich tapfer meine Tüten mit Obst, Müsli und – jahaaa – fünf Tafeln Schokolade füllte, musterte sie mich von oben bis unten. Herrgott, die soll das lassen. Sie stieß einen bedrohlichen Zischlaut durch ihre rot geschminkten Lippen, grinste angriffslustig zu mir rüber und schenkte mir ein: »Christoph hat schon zwei Kinder!« Ja, super, ich habe einen Hund, gar keine Zeit und Gott sei Dank keines deiner Enkelkinder ausgetragen... Leider riss mir jetzt die Tüte mit dem Obst. Ich hätte es gerne souveräner hingekriegt! Danach habe ich sie nie wieder gesehen, und das ist auch gut so.

Während Sabrina und ich so unseren Gedanken nachhingen, bereicherte Kerstin unsere Runde – drei Kinder von zwei Männern und damit zwei Schwiegermütter überlebt. »Mein Lieblingsthema«, grinste sie breit und gab ihre erste Schwiegereltern-Kennenlerngeschichte zum Besten. Sie hatte sich schon im Vorfeld dieses Treffens den Kopf zerbrochen, wie sie möglichst seriös und gut bei ihren neuen Zweiteltern ankommen könnte. Schwarzer Rock, enger schwarzer Rollkragenpulli. Nicht zu aufgedonnert, zeigte aber trotzdem Figur und Haltung. Mutter konnte stolz sein, dass ihr Junge 'ne anständige Frau abbekommt, na ja und Schwiegervater sowieso...

»Leute, ich war da in einer Fünfzigerjahre-Familie gelandet, wo der Vater am Kopfende saß und tatsächlich nur den Männern, sich und seinem Sohn, Wein und Wasser nachgegossen hat. Die eigene Frau bekam erst gar keinen Wein und verhielt sich brav devot. Nur mir gegenüber nicht. Schnippisch fragte sie mich, ob ich denn eher ein häuslicher Typ sei, ob ich kochen und bügeln könne! Ich bitte euch, wir kannten uns gerade eine Viertelstunde! In meiner Verzweiflung begann ich, die Kirschschnäpse hinunterzustürzen, die eigentlich Tommi zugedacht waren! Och, und so nach dem dritten, vierten, fünften wurden mein neuer Schwiegervater und ich dicke Freunde.«

Während Mutti den Tisch abräumte, dabei nicht ausließ zu betonen, dass ihr Sohn Hausmannskost über alles schätzte, rutschte Vaters Hand von Kerstins Hüfte auf ihren Hintern. Zwei weitere Schnäpse später stand sie mit ihrem neuen Kumpel im hauseigenen Macho-Kakerlaken-Schießkeller und ballerte besoffen auf lustige Zielscheiben.

»Das Verhältnis hat sich nie geändert. Ich hatte einfach unterschätzt, dass die Mutter nun mal keine Kirschschnäpse mitgetrunken hat und deshalb auch nie locker werden konnte. Allerdings richtig genervt war ich von ihren Anrufen – jeden Sonntag um elf, kurz vor unserem Aufstehen und Muttis Mittagessen. Und, was gibt's heute zu essen bei euch, Kinder? Rouladen, Eisbein, Gulasch? Also ich hätt da noch einen Topf über, falls du jetzt nicht … Also …! Ich hatte sie sehr lieb! Und sie mich auch!«

Auch Kerstins Ehe hielt nicht. Was nicht nur an der Schwiegermutter lag. Aber immerhin – an jeder achten Scheidung in Deutschland sind die Schwiegereltern mit schuld! Weil sie sich zu sehr einmischen, eifersüchtig sind oder ihr Kind einfach nicht loslassen können oder wollen. Wobei dieses Problem eher an den Schwiegermüttern als an den -vätern liegt – sonst gäbe es ja auch nicht so unendlich viele Witze über sie.

»Kennt ihr den?«, fragte Sabrina. »Schwiegermutter, warum stehst du denn vor unserer Haustür bei diesem schlechten Wetter? Geh doch nach Hause.«

»Ich hab 'nen besseren«, kicherte Kerstin. »Sagt die Mutter zur Tochter: Mach endlich Schluss mit deinem Freund. Ich will keinen Apotheker zum Schwiegersohn, der jederzeit Zugriff zum Giftschrank hat.«

Während die beiden prustend über dem Tisch hingen, merkte ich wieder mal, dass mir ein Witz-Gen fehlte, aber dieses hätte ich so dringend gebraucht, nachdem ich die ersten Sekunden im Kreise *seiner* Familie stand.

Von vorn: Es war Samstag, ich wählte schwarze Hose, schwarze Bluse, hohe Schuhe und freute mich. Ehrlich. Anlass war der Geburtstag einer Tante, Familienfest also. Und ich LIEBE Familienfeste! Ich bin Einzelkind und habe mich immer sauwohl gefühlt an langen und lauten Familientischen mit vielen Generationen dran! Es handelte sich wirklich um eine ausgesprochen herzliche, liebevolle, laute Familie, die seit 30 Jahren keinen Geburtstag ohne die anderen feiert, teilnimmt an jeder Einschulung, Geburt, Liebe, Trennung, jedem Jobverlust und jeder Beerdigung. Das nahm eine Tante an diesem Nachmittag wörtlich und informierte mich bis ins letzte Detail über die Todesursachen aller ihrer Hunde. Und es waren viele. Und mein Kuchen wurde auch immer mehr im Mund. Beim letzten OP-Bericht gab sie alles: »Nich, Kim, dat können Se höööören, oder? (Sie war Rheinländerin mit sehr viel Sinn für Humor.) Boa, dat Bluut is nur so jespritzt. D'r Onkel Herbecht hat heute noch Flecken in seinem Hemd. Und dat war 'n juutet Hemd. Aber d'r Hund soll ja nett laiden müss'n. Is besser so, nä? Is besser so… Schmeckt's? Dolle Tochte. Hat die Tante Anni jemacht. Dat macht die immer. Dat kann die!

Die Tatsache, dass ich mich mehr mit den restlichen Familienmitgliedern in meiner Nacherzählung befasse, zeigt, dass es an meiner Schwiegermutter in spe einfach gar nichts zu meckern gab. Eine liebevolle, kluge, unaufgeregte, allein lebende Frau, die sich für uns freute.

Was man von meiner Familie so einfach nicht sagen konnte. Zumindest nicht von meinem Vater. Ich hatte uns beiden einen Kochkurs zu Weihnachten geschenkt – und jetzt standen wir von morgens bis abends mit zehn weiteren Personen in einer fremden Mietküche und kreierten ein Vier-Gänge-Menü. Abends durften wir dann einige Gäste dazuladen. Wunderbare Gelegenheit, meinem Vater meinen Liebsten zu präsentieren.

Wieso assoziierte ich spontan den Film »Eine Leiche zum Dessert«? Nun gut, meiner Intuition konnte ich eigentlich immer vertrauen, was mich aber in diesem Fall keinesfalls beruhigte. Mein Vater ist wirklich ein ausgesprochen sympathischer Kerl – aber leider hat er auch einen ausgeprägten Spieltrieb in sich. Er liebt es, andere Menschen in unmögliche Situationen zu bringen. Er ist nicht bösartig, ehrlich nicht, aber er wäre der perfekte Regisseur für die »Versteckte Kamera«. So ließ er alle weiteren Kochkursteilnehmer wissen, dass es sich heute Abend um einen äußerst spannenden Moment für einen jungen Mann handeln würde.

Alle wussten Bescheid, grinsten blöd und lauerten auf das, was jetzt kommen sollte und ich auch nicht mehr verhindern konnte. Mein Liebster kam, stellte sich vor, gab brav Pfötchen, und Papa ließ ihn mit einem schnöden »Aha« abblitzen. Dabei hatte er den Gesichtsausdruck eines gelangweilten Orang-Utan-Oberhauptes, das am Jungvolk weniger als kein Interesse hatte. Ich weiß nicht genau, aber waren DAS die schlimmsten Sekunden meines Lebens? Mein Liebster war so cool, grinste frech und sagte: »Soso!« Die Szene spitze sich dann noch zu, als den übrigen Beteiligten die Kochlöffel aus der Hand rutschten vor Schreck. Dann endlich: »Hahaha, willkommen, mein Junge. Wollte nur mal meine Tochter schocken! Freut mich seeeehr! Toll. Komm!« Bevor mein Vater mal wieder die Theorie aufstellen konnte, dass er es eher für möglich hielte, dass seine Tochter an einer Haltestelle von einem Bus überfahren würde, als mit über 30 doch noch einen Mann zum Heiraten zu finden, begann Gott sei Dank das Essen.

Meine Mutter haben Sie ja schon ein bisschen kennen

gelernt: Ihr war es eigentlich schnuppe, in wen ich mich verliebt hatte. Sie vertraute auf meinen guten Geschmack. Hauptsache war, dass die Chance auf Enkelkinder in greifbare Nähe rückte…

TIPP

Für alle, die nicht so viel Schwein haben, gibt's natürlich ein paar Psychotricks, mit den Schwiegereltern klarzukommen:

Für Schwiegertöchter und -söhne:
- Mami hat nicht immer Recht! Klären Sie Ihre eigenen Probleme mit dem Partner, bevor der Familienrat tagen muss.
- Sagen Sie NEIN zu großen Geschenken (auch wenn's extrem verlockend ist und schmerzt, es abzulehnen)! Manchmal sichern sich Eltern damit Macht und Einfluss auf Ihr Leben.
- Nutzen Sie die Weisheit und Erfahrung der älteren Generation – das schmeichelt und hilft unter Umständen wirklich manchmal (es war ja nicht alles schlecht!).

Für Schwiegermütter und -väter:
- Ja, Ihre Kinder sind erwachsen. Ja, sie haben ihre eigene Familie. Ja, sie haben ihre eigene Wohnung. Akzeptieren Sie das einfach. Leben Sie ein eigenes, erfülltes Leben.
- Lassen Sie Ihre Kinder ihre Fehler selber machen! Nur so funktioniert das Leben.
- Seien Sie gerne Baby-, Haus- und Hundesitter, aber nur, wenn Sie es wirklich wollen. Drängen Sie sich nicht auf und lassen Sie sich nicht ausnutzen.

Das zweite Jubiläum

Am nächsten Tag war es so weit. Da kannten wir uns genau zwei Monate. Zwei aufregende, interessante, schöne, spannende, manchmal auch nervende, zweifelnde, aufreibende Monate. Zwei wunderbare Monate meines Lebens. Was hatte sich geändert? Viel. Eigentlich alles. Es gab keine langweiligen Single-Sonntage mehr. Ich lernte kochen. Ich hatte Platz gemacht im Kleiderschrank und im Bad.

Ich war sieben Jahre lang Single. Ich hatte Spaß gehabt, Sex, es gab einsame Nächte, eine Menge magische Rituale, spirituelle Momente mit meinen schwulen Freunden, wunderbare Weiberabende, die erst morgens um fünf in Karaoke-Gegröle endeten. Kurz, es war gut.

Was es nicht gab, war der Eine. Den, den man anruft, wenn die eigene Mutter spinnt, wenn der Hund stirbt, wenn der Bauch wehtut oder wenn man glaubt, vor Glück zu platzen, weil endlich, endlich der lang ersehnte Vertrag da ist.

Was ist besser? Das Abenteuer? Der Spaß der Nacht? Der Luxus von Gesichtscreme und Wollsocken in Seidenbettwäsche? Oder das vertraute Atmen aus dem Nachbarbett, das zärtliche »Guten Morgen, Schatz« und die Gewissheit, Silvester um Punkt 12 Uhr von dem Menschen geküsst zu werden, den man liebt.

Jetzt endlich mal verliebt. Immer noch. Und ich erlebte den Himmel und die Hölle gleichermaßen. Wie sehr wünschte ich mir, dass alles wäre wie bei Doris Days »Ein Pyjama für zwei«. Doch was hatte ich? Liebe, Liebe, Liebe und Ängste, Ängste, Ängste. Und auch Stress! Vieles stresste mich auf einmal. Seine sechs Jahre weniger, meine Oberschenkel, seine Freunde, meine Mutter, seine Vorliebe für Fußball im Fernsehen und meine drohende Lieblingsserien-Fernsehabstinenz. Manchmal fürchtete ich, nie mehr bedenkenlos meine »Golden Girls« oder die »Simpsons« nachts im Bett (natürlich!) sehen zu können.

Eigentlich wollte ich jetzt am liebsten in die Kirche gehen und eine Kerze anzünden. Aber es regnete, außerdem bin ich vor zwei Jahren aus diesem Verein ausgetreten. Das muss man sich mal vorstellen: Da heiratet meine Freundin kirchlich, und die Pfarrerin beginnt allen Ernstes ihre Rede mit folgenden Worten: »Liebes Brautpaar, liebe Gäste. Normalerweise steht das Brautpaar im Mittelpunkt. So soll es auch heute sein. Aber ich möchte gerne mit dieser Orgel dort oben beginnen. Schön, ne? Ja, aber leider ist sie aus Plastik. Wir wünschen sie uns aus Holz. Und dafür brauchen wir Ihre Kollekte.« Bei meiner Konfirmation war genau der gleiche Mist. Meine Mutter, in Hütchen und Kostümchen, steckte sich voller Vorfreude drei Taschentücher in ihr Täschchen. Auf Tränenbäche vorbereitet, konnte sie enttäuscht nicht ein einziges Tröpfchen vergießen. Unser Pfarrer zählte die ganze Zeit auf, woran es seiner Kirche mangelte: Das Dach musste repariert werden, die Scheiben waren marode und überhaupt. Damals war ich zu jung, um eine Entscheidung zu treffen. Diesmal bin ich zwei Tage nach der Hochzeit ausgetreten.

Ich zündete trotzdem eine Kerze an und stellte sie ins Küchenfenster. Der liebe Gott ist ja überall.

Manchmal frage ich mich auch, wie es meinem Liebsten geht. Gut natürlich, ich bin ja seine Freundin. Aber auch er hat Platz gemacht im Kleiderschrank und im Bad, aber vor allem in seinem Leben. Er schenkt mir seine Zeit, sein Vertrauen und seine Geduld (und die braucht er auch – nicht nur wegen meiner mangelnden Kochkünste). Da kommt ja auch eine Riesenwand auf ihn zu – da ist eine sieben Jahre lang Single, sechs Jahre älter, komplett neurotisch, aber genauso wie Julia Roberts in »Notting Hill« doch einfach »nur ein Mädchen, das geliebt werden möchte«. Für diesen Satz sollte ich mir das mit der Kerze noch mal überlegen und dem Universum schwören, nie wieder so einen Scheiß zu schreiben.

Ziehen wir mal Bilanz: Er ist immer noch bei mir. Das ist schon mal sehr gut! Er ist bei weitem nicht so empfindlich wie ich, er ist cool und gelassen genug, meine Spinnereien zu ertragen (Gut, mindestens die Hälfte bekommt er ja gar nicht mit! Die laufen ja als Film in meinem Kopf ab!) Aber wenn er sie mitbekommt, dann liebt er sie sogar. Noch! Er weiß, wie ich aussehe mit erhöhter Temperatur und kurz vorm Ableben, er kennt mich morgens, mittags, abends, nachts, und ich weiß, dass er *doch* Geräusche macht! Ha! Er schnarcht. Manchmal. Okay, er röchelt eher, vor allem, wenn er erkältet ist. Aber Geräusch bleibt Geräusch. Und seltsamerweise kann ich damit leben, manchmal beruhigt es mich sogar. Ich habe seine Familie schon kennen gelernt und hatte Spaß. Irgendwie. Wenn man auf Geschichten über Hundesterbehilfe steht… Und wir haben geklärt, was wir mögen und was nicht. Ich muss jetzt keinen Fußball mehr gucken.

Kurz – wir können miteinander reden. Das sind gute Voraussetzungen, das zweite Jubiläum zu feiern und sich auf das dritte zu freuen.

3. Monat

Die erste Langeweile

Ein ganz normaler Sonntagmorgen. Regen, Wind, kein Mensch will wirklich nach draußen. Mein Liebster und ich mögen so ein Wetter eigentlich – wir gehen dann immer gerne zusammen in unser Lieblingscafé frühstücken. Okay, wir gehen theoretisch gern. Weil wir praktisch gestern den ganzen Tag zusammen in Cafés verbracht haben, vorgestern auch und das gesamte letzte Wochenende ebenso. Es war dieser Sonntagmorgen, wo wir zum ersten Mal nicht so recht wussten, worüber wir sprechen sollten – alles war irgendwie gesagt. Es lag auch kein besonderer Reiz mehr darin, sich gegenseitig aus der Zeitung vorzulesen. Schließlich geht selber lesen auch schneller. Nach dem Frühstück und der Lektüre das große Fragezeichen zwischen uns: Was machen an einem grauen Sonntag, wenn alle Geschäfte zu haben, im Zoo kein Nachwuchs wartet, der Botanische Garten im Regenwasser versinkt und wir jeden Kinovorführer in Berlin schon mit Vornamen kennen. Kein Hunger, kein Plan, kein Antrieb, keine Lust. Langeweile.

LANGEWEILE! Nein, jetzt hatte es also auch uns getroffen. Bedeutete das vielleicht den Anfang vom Ende unserer Beziehung?

Am einfachsten wäre jetzt natürlich die Wahrheit. Liebster, ist dir auch so langweilig? Lass uns nach Hause fahren, ich könnte mich mit Ronja treffen, und vielleicht hast du ja auch eine Idee ... Aber sooo einfach ist das auch nicht, wenn ein Paar zum ersten Mal dieses Gefühl erlebt. Ein Gefühl, das sich doch erst nach 25 Ehejahren einstellen sollte! Lachen Sie jetzt nicht, aber genau so soll es doch bitte, bitte sein. Jetzt saßen wir also in diesem Café und ödeten uns an. Erschwerend kam meine Weibchen-Meise hinzu: Ich will, dass der Kerl an meiner Seite Ideen hat, und zwar einen A-, B- und C-Plan, um mich zu bespielen! Aber... in diesem Moment kam nichts. Gar nichts.

Langeweile kannte Sabrina auch: Bei ihr kam meist genauso wenig von ihrem amtierenden Herzprinzen, also organisierte sie kurz entschlossen selber ihr Spaßprogramm für einen dieser langweiligen, toten Sonntage. Und es war ein anstrengendes Programm: Der Nachmittag startete mit einem Essen im Dunkelrestaurant – ein Erlebnis der Sinne in völliger Finsterniss. Ausnahmsweise isst das Auge nicht mit – man muss sich auf seinen Tast-, Geruchs- und Geschmackssinn verlassen. Fummeln erlaubt. Nach dem Essen Kino. Nicht nur einen Film gucken, sondern Sabrina bestand auf Sex zwischen Reihe sieben und acht. Anschließend, da die Aufsicht die beiden nicht erwischte, tanzten sie im angesagtesten Nachtclub. Danach noch ein zweites Nümmerchen auf der Herrentoilette, zum Abschluss Champagner bis zum Abwinken, und die Restnacht verbrachten die beiden in einem Nobelhotel. Fünf Sterne. Keine Ahnung, ob sie da noch einmal Sex hatten. Wahrscheinlich aber doch, in der suite-eigenen Sauna.

Dieser Abend war in den folgenden Monaten Gegenstand zahlreicher Mädelsrunden – immer und immer wieder beschrieb Sabrina diese rauschende, unglaubliche, sensationelle, einmalige, ganz besondere, nie zu toppende »Anti-Langeweile-Nacht«. Wow! Wir waren verblüfft – nicht nur über ihre Phantasie, sondern auch *seine* Bereitschaft, das Programm durchzuziehen. Eigentlich ist der Galan von Sabrina ein ziemlich durchschnittlicher bis langweiliger Vertreter seiner Art. Und genau das war der Grund für ihre Turbo-Event-Planung. Bloß keine Langeweile am Wochenende.

Langeweile hatten die beiden schon genug, und mit Langeweile kann man auch keine schönen Geschichten erzählen. Denn was ist schon so aufregend daran, gemeinsam 48 Stunden auf der Couch zu liegen, zwischen Playstation und Scrabble, Pizza und Pudding, Fernsehen und DVD-Gucken einfach mal nichts zu tun? Findet jedenfalls Sabrina.

Monate später, nach einem gemeinsamen Essen, bei dem sie wieder mal auftrumpfte, wie sensationell doch dieses Wochenende war, eigentlich mehr eine WM-Eröffnungsfeier, geplant von André Heller und Beate Uhses Erben, platzte es aus ihrem Freund heraus. »Wenn ich ehrlich sein darf, ich wäre gerne mit dir zu Hause geblieben, hätte dich verwöhnt, dir was Schönes gekocht, deine Füße massiert und sogar für dich deinen Lieblingsfilm ›Grüne Tomaten‹ ausgeliehen. Dieses ganze blöde Action-Programm, nur für die Galerie. Nichts davon konnte ich genießen. Wer will schon Sex nach Zeitplan? Du befürchtest, ich alleine reiche dir nicht, und deshalb brauchst du zum Erzählen jede Menge Kicks. Echt bescheuert.«

Die Stille danach war sehr laut. Wir waren alle peinlich berührt, Sabrina am meisten. Sie fühlte sich ertappt – das alles, um bloß keinen Alltag zuzulassen.

Mein Liebster und ich gingen also an diesem verregneten Sonntag vom Café zu ihm nach Hause. Er schmiss sich auf die Couch und machte den Fernseher an. Irgendwelche blöden Gerichtshows liefen da, und er ließ sich berieseln. Ich saß wie bestellt und nicht abgeholt daneben. Irgendwie war ich ja auch nur zu Besuch. Zu Hause hätte ich nie Langeweile gehabt – irgendwas ist ja immer. Maske ins Gesicht, Steuern machen, E-Mails checken, aufräumen, bügeln, in den Kühlschrank starren und telefonieren. Stundenlang.

Wie geht so was? Gemeinsamer Alltag in einem Leben. Nicht abgelenkt von Hektik, Arbeit und Terminen, einfach mal zusammen nichts tun. Ein schwieriges Programm. Es schien mich an diesem Sonntag mehr zu überfordern als Sabrinas Power-Event-Schedule.

Ich fühlte mich ein bisschen in Lauerposition. Erwartete er jetzt was von mir? Musste ich sprechen? Sollte ich schweigen? Wollte er, dass ich mich auf ihn werfe? Er saß einfach da und tat nichts. Ich grübelte. Und trommelte nervös mit den Fingern im Dreivierteltakt, wie Klopfer auf der Suche nach Abenteuern. In diesem Moment drehte er seinen Kopf, lächelte mich an und sagte ziemlich schlau: »Süße, sei doch einfach nur gemütlich. Sei einfach da. Mehr nicht.« Aha. »Und wie genau ist man einfach nur da?«, nervte ich und unterbrach sein anspruchsvolles Fernsehprogramm.

»Leg dich zu mir auf die Couch, kuschel dich in meinen Arm, lass dir den Kopf kraulen und bring doch vorher noch den Tee aus der Küche mit. Und die Schokolade. Dann müssen wir die nächsten Stunden nicht mehr aufstehen. Der Sonntag könnte doch gar nicht schöner sein. Hol dir Kraft und sei einfach nur ruhig!«

Wie, nicht mehr aufstehen? Wir sind doch erst vor ein paar Stunden aufgestanden! Mein Vater hat auch immer auf der Couch gelegen, boa, wie mich das als Kind gelangweilt hat! Aber ein Experiment war's ja vielleicht mal wert. Ich holte Tee und Schokolade und lümmelte mich in seine Arme. Und erlebte Erstaunliches: ein Gefühl wahrer, vollendeter Wonne. Wie Erdbeeren mit Schokoladenpudding und einem Schuss Eierlikör.

Also, ich fasse mal zusammen: Ja, wir haben uns sehr gemütlich gelangweilt. Ich fand's wirklich gut auf der Coach. Aber bitte nicht jedes Mal. Deshalb kaufte ich mir am nächsten Tag Strickzeug, Malen-nach-Zahlen-Heftchen, einen Spanischkurs für Anfänger auf CD und ein Kochbuch. Somit war ich gewappnet gegen verregnete Sonntage, langweilige Gerichtsshows und fühlte mich schließlich durch meine eigene Aktivität nicht mehr ganz so »nur zu Besuch«.

Was ist Langeweile eigentlich, warum graut's mir so vor ihr? Langeweile ist ein Gefühl der Lustlosigkeit infolge von Monotonie. Liegen wir also Sonntag für Sonntag auf der Couch, gehen jedes Wochenende ins gleiche Café, spazieren immer um den gleichen See, wird's zäh, öde und frustrierend. Langeweile ist für mich das Gegenteil von Abwechslung und Freude. Wenn dann noch einer in meiner Gegenwart gähnt, könnte ich vor lauter innerer Unruhe die Wände hochgehen und ihm eine kloppen. Dann bin ich wie ein Kind, das gerade nicht weiß, was es denn als Nächstes machen soll, wie es sich beschäftigen kann, und alle um sich herum nervt.

So schlimm die Definition für Langeweile auch klingt, so schön war ja dieser Couch-Sonntag. Die Wahrheit sieht wahrscheinlich so aus: Ich werde in Zukunft lernen, mich auch mal dem Gefühl der Langeweile auszusetzen (ich achte dabei natürlich auf die richtige Dosierung!), und darauf aufpassen, dass er ein bisschen aktiver wird und weiß, dass mich Gerichtsshows definitiv überhaupt gar nicht, nicht ein klitzekleines bisschen, nicht mal als Recherche für das Sozialverhalten meiner Mitbürger interessieren. (Die Dinger ertrage ich nur ausnahmsweise, wenn ich eine ausführliche und raffinierte Kopfmassage von ihm bekomme!)

Eifersucht

»Ich wusste es gleich, der ist einfach zu gut, um wahr zu sein«, schnaufte Katharina, Sabrinas Kusine dritten Grades aus München. Wir trafen sie auf ein Gläschen Champagner an der Austernbar im KaDeWe. (Furchtbar! Weder Champagner noch Austern werden je ihren Weg durch meine Kehle finden). Auf die simple Frage »Was gibt's denn so Neues?« schoss es aus ihr heraus wie das Wasser aus einem Hochdruckfeuerwehrschlauch. »Ich habe da so einen Kerl kennen gelernt, den Ludwig, Frauenarzt. Der beste Single-Mann in der Stadt. Gut aussehend. Charmant. Und der wollte mich!«

Wenn ich ein Gebiss hätte, läge es jetzt in meinem stillen Wasser. Ich konnte es nicht fassen. »Dein Frauenarzt hat sich in dich verknallt?« »Nein, er ist nicht mein Frauenarzt, und ich bin auch nicht seine Patientin. Wir haben uns bei meinem Friseur kennen gelernt.«

»Oha, natürlich, beim Friseur.« Ich dachte doch über ein Gläschen Schampus nach, die Geschichte schien gut zu werden. Sabrina, die ziemlich genau wusste, dass Katharina nicht wirklich ein glückliches Händchen für Männer hatte, bestellte. Für uns alle drei. Was die Zunge von Katharina noch etwas geschmeidiger machte. »Wir haben uns kennen gelernt, er hat jeden Tag zehn Mal angerufen, Blumen geschickt, wollte jeden Tag mit mir zum Mittagessen gehen… das Übliche halt.«

Für mich war das nicht wirklich »üblich«, aber bitte…
Vielleicht sind die Münchner Männer anders. Ich war ein
bisschen beleidigt. Und schon etwas angezwitschert von der
Luxus-Brause. Katharina war in München eine angesagte
Nummer, sie hatte eine gut gehende Galerie und war eine
geschätzte und bekannte Fotografin. Sie gehörte zu den so
genannten Upper-Class-Jet-Set-A-Promis der Münchner
Szene. Und der Typ? Gut aussehender Frauenarzt mit dem
Hang nach oben.

Und Katharina war ein gebranntes Kind mit schlechten
Erfahrungen, eifersüchtig und misstrauisch. »Irgendwie hatte
ich den fatalen Eindruck, dass da was nicht zusammenpasste.
Da kann doch nicht so ein Mann ohne Fehler ausgerechnet
mich wollen? Irgendwie war da was faul. Das habe ich gleich
gespürt.«

»Was ist denn jetzt die Geschichte? Konnte er nicht? War
er schwul? Hatte er Schweißfüße?«, fragte ich leicht gereizt.

»Nein, alles schön. Aber er hatte so komisch Zeit. Mal
mittags, dann drei Tage gar nicht, dann wieder wollte er mit
mir in jede angesagte Bar gehen, in die er ohne mich gar
nicht hineingekommen wäre. Und ich bin fast jedes Mal aus-
gerastet, wenn er rechts und links nach den hübschen Mädchen geguckt hat. Er benahm sich nicht wirklich wie frisch
verliebt.«

Getrieben von Misstrauen und nach drei gebrochenen
Herzen in Folge, nahm sie diesmal die Regie für diese merk-
würdige Beziehung selbst in die Hand: Sie schickte ihm
einen Privatdetektiv auf den Hals! Der verfolgte ihn drei
Tage, und die Auswahl an Fotos konnte sich sehen lassen.
Katharinas Gespür war vollkommen richtig gewesen. Wenn
er sagte, er sei in der Praxis, war er auf seinem Boot am
Starnberger See mit einer hübschen Brünetten. Wenn er an-

geblich auf Hausbesuch war, traf er sich auf ein Schäfer-stündchen mit seiner Sprechstundenhilfe, und die Dritte war ein Starlett mit Ambitionen Richtung Hollywood – oder wenigstens »Big Brother«. »Das war widerlich!«, schnaubte Katharina und bestellte noch eine Runde Champagner. »Ich habe ihn erst gefragt, wo er war, habe mich in aller Seelen-ruhe anlügen lassen und ihm dann Foto für Foto präsen-tiert. Meine Güte, war das peinlich. Für ihn. Nie wieder will ich diesen Idioten sehen! Ich bin froh, dass ich diesmal mei-nen Instinkten so vertrauen konnte und mich nicht habe verarschen lassen!«

Inzwischen war ich total beballert. »Hast du so was schon mal gemacht? Jemanden so kontrolliert?« Sabrina grinste breit, und Katharina bestätigte: »Klar, immer. Die können dir doch alles erzählen, die Typen. Du musst wissen, wel-che Nummern sie im Handy haben, SMSen lesen – auch die gesendeten –, Kilometerstand im Auto kontrollieren, auch mal hinterherfahren, die Brieftasche und Anzüge nach in-teressanten Rechnungen durchsuchen. Erinnere dich an Ronja. Die hat ja mal eine Bordellrechnung im Portemon-naie ihres Damaligen gefunden. Manche Männer sind so dämlich und nachlässig, dass sie es einem da sehr einfach machen.« Und Katharina ergänzte: »Und sobald du mal bei ihm alleine in seiner Wohnung bist, gehst du aufs Ganze: Schubladen, Schränke, Schreibtisch, Badezimmer und wenn's geht, natürlich auch der Computer.« Das alles aus Eifersucht?

»Ich denke, ich bin nicht eifersüchtig!?«, sagte ich und glaubte mir selber nicht so richtig. Ich war natürlich entsetzt und fand das Damen-Eifersuchts-Programm relativ gro-tesk. Wenn ich liebe und geliebt werde, vertraue ich auch, oder? Und wozu soll es gut sein, alles zu wissen und zu hinterfragen? Was ist, wenn man wirklich ein Indiz findet, das man gar nicht so richtig zuordnen kann? Ein Alptraum...

»Klar, Schätzchen«, so Sabrina. »Lieber mal einen Blick zu viel riskieren, als hinterher die Doofe zu sein.« In mir brodelte es. Nun gut, ich spielte hier und jetzt zwar die Klosterschülerin, hatte ja aber selber schon mal in sein Handy geguckt. Und eine Nachricht gefunden, die zu unserem ersten Streit führte. Und diese SMS an seine Ex kann ich bis heute nicht vergessen. Ich hatte mir damals geschworen, sein Handy nie wieder anzufassen. Bis heute erinnere ich mich an das brennende Gefühl im Magen, das schlechte Gewissen, die Angst, erwischt zu werden, und noch mehr die Angst, etwas Wichtiges zu finden. Was treibt Menschen zu solchen unangenehmen Handlungen? Bei mir war's tatsächlich eine Intuition, bei Katharina waren es geballte schlechte Erfahrungen und grundsätzliches Misstrauen. Und dann gibt's noch die Menschen, die einfach nicht anders können, weil sie sich selbst nicht lieben, schätzen und achten. In erster Linie steckt dahinter natürlich die Angst, nicht genug geliebt oder gar verlassen zu werden. Eifersucht ist definitiv die Schattenseite der Liebe, aber man kommt halt schwer raus aus seiner Haut. Es ist die Phantasie, die einem einen Streich spielt.

Eifersucht ist wie ein glitschiges grünes Monster, das bekämpft werden muss. Die Waffe dafür ist die Offenheit, über seine Ängste und Zweifel zu sprechen. Dabei quält Frauen in erster Linie die Angst, dass ihre Männer sich emotional zu einer anderen hingezogen fühlen, während Männer ausrasten, wenn sie ihre Frau in den Armen eines anderen vermuten.

»Du bist schon dreist drauf«, sagte ich zu Katharina. »Ja,

aber das ist doch noch gar nichts. Ich kannte da mal einen Typen, der hat das volle Abhörprogramm auf die Beine gestellt. Als er vermutete, seine Freundin habe einen anderen, hat er ihren Computer angezapft und Richtmikrophone auf ihre Wohnung gestellt. Frage mich nicht, wie das technisch geht. Aber es funktioniert. Den Spaß kriegst du für ein Schnäppchen von 3000 Euro, nur um zu hören, wie deine Olle ihrer Freundin am Telefon vorheult, wie scheiße du als Typ bist. Ich sach ja immer: Der Lauscher an der Wand ...«

Ich war verwirrt, kein bisschen schlauer, dafür inzwischen blau wie ein Veilchen. Ich schätze, ich lag mittlerweile bei 1,7 Promille, und erinnerte mich selber gerade ein bisschen an meine Ex-Ex-Schwiegermutter in spe, die mit den ausrangierten Rückspiegeln rund ums Haus, um uns, ihren Supersohn und mich, Tag und Nacht kontrollieren zu können. Dieses eifersüchtige Stück. »Wie einsam und hart Eifersucht machen kann. Och nö, wer will denn das? Ist ja furchtbar. Wenn er 'ne andere abschnullert, dann ist er halt der Falsche.« Räusper. Ich kräuselte meine Nase und wunderte mich über mich selbst.

»Seit wann bist du denn so altruistisch?«, fragte Sabrina.

»Isch glaube, seit dem dritten Glas... Das Zeug ist echt lecker. Wieso habt ihr mich noch nie mitgenommen zum Nachtmittagsbesäufniskränzchen. Champagner und Austern für ALLLLEEEEE... Und nieder mit der Eifersucht! Für immer!« Im Nachhinein muss ich befürchten, dass ich an dieser Stelle nur noch gelallt habe und von Glück sagen kann, dass niemand auf mein Angebot eingestiegen ist. Ich hätte mich für die nächsten zehn Jahre verschuldet.

Nachdem ich gut und gern drei Stunden meinen Rausch ausgeschlafen hatte, frisch geduscht, hübsch angezogen und angemalt war, trafen mein Liebster und ich uns zum Essen. Der Vormittag kräuselte immer noch durch mein Hirn. Während wir gerade die Speisekarte auswendig lernten (irgendwie war mein Magen doch sehr instabil), setzten sich zwei blöde Hühner an den Nachbartisch und warfen dreiste Blicke auf meinen Liebsten. »Sag mal, Süße, geht's dir nicht gut? Du bist so blass?«, fragte er mich besorgt.

Ach du Scheiße, zwei attraktive Frauen am Nachbartisch, und ich blass um die Nase. Da rechnete ich mir doch mal kurz meine Chancen aus, wie der heutige Abend enden könnte …

Was war denn das jetzt? Er grinste tatsächlich rüber zu den Mädels. Am liebsten hätte ich vor lauter Wut theatralisch den Stuhl umgeworfen, 20 Euro auf den Tisch geschmissen und wäre hocherhobenen Hauptes mit einem »Leck mich!« auf den Lippen aus dem Laden gefegt. Hoppla! Ich war ja eifersüchtig! Da war es, das glitschige grüne Monster. Ich zückte meine Waffe, atmete tief ein, richtete mich auf und sagte den klaren, gut formulierten Satz: »Ich bin eifersüchtig!«

Er kam komplett aus dem Mustopf.

»Ich hab's genau gesehen. Du hast da rübergegrinst wie ein Gockel. Hat dir wohl gefallen, wie?«

Er sagte immer noch nichts.

»Los, gib's schon zu … Billig sehen die aus mit dem Neckholderteilchen, wir haben ja noch nicht mal Frühling! Was ziehen denn die im Sommer an?!«

»Egal, was sie anziehen werden, ich werde es nicht sehen. Weil ich nur Augen haben werde für die Frau, die ich jetzt sogar noch ein bisschen mehr liebe, weil sie so eine bescheuerte süße Meise hat.«

Offensichtlich ist ein bisschen Eifersucht auch sexy...

Ich schielte noch mal rüber zu den beiden Tussen und überlegte, ob ich der einen wohl mein Tuch anbieten sollte. Sie schien zu frieren, die Arme... So dünn angezogen. Grrr...

Der erste Kurztrip

»Er hat mich übers Wochenende eingeladen.«

»Ach du Scheiße. Das war's ja denn wohl!« Jörg war ernsthaft besorgt, und seine grünen Augen fixierten mich kummervoll. »Der erste Kurztrip. Und das mit dir. Das kann nur eine Katastrophe werden.«

Wir saßen in bewährter Runde in unserem Lieblingscafé. Eigentlich war bis eben beste Laune – das änderte sich gerade schlagartig. Selbst Sabrina kaute nun noch intensiver an ihrem Brötchen, Kerstin guckte zur Decke, und Ronja verschluckte sich am Rührei.

»Bitte?« Zu mehr war ich vorübergehend nicht in der Lage. Wir wollten doch nur ein paar Tage verreisen. Ein so genanntes Wellness-Wochenende im Spreewald. Nichts Aufregendes. Der Spreewald ist keine Gefahrenzone. In einer Stunde wäre ich im Notfall wieder im Schoß meiner Freunde. Für ihn galt natürlich das Gleiche.

»Also, Schätzchen. Du weißt schon: Der erste gemeinsame Kurztrip beinhaltet mehr Gefahren als eine Safari ohne Führer und Auto durch den Serengeti-Park. Oder ohne Sauerstoffgerät auf den Mount Everest. Wie lange wollt ihr denn?

»Na, von Freitagnachtmittag bis Sonntagabend. So richtig gemütlich. Handy aus, kleines Gepäck, gute Laune und nur wir zwei.«

»Weißt du eigentlich, was du da sagst? Das sind 65 Stunden am Stück, in gleicher Begleitung, fremder Umgebung, ohne Rückzugsmöglichkeiten und den Risiken einer spontanen Durchfallerkrankung.«

»???« Ich war immer noch sprachlos und guckte inzwischen blöd wie 'ne lila Kuh im Regal.

»Süße, du weißt doch, wie sensibel, empfindsam und anspruchsvoll du bist«, ergänzte Ronja die seltsamen Ergüsse von Jörg. »Denk mal an den Supersohn deiner Ex-Horror-Schwiegermutter. Nicht nur, dass er alle zwei Stunden bei der alternden Alkoholikerin angerufen hat, der hat auch seine Tasche anders ausgepackt, als du wolltest. Der hatte merkwürdige Klamotten mit, hatte abends in der Hotelbar dann noch mit dem Pianisten laut und schlecht gesungen und wollte sich am Ende noch mit der Auszubildenden an der Rezeption um die zwei Wasser aus der Minibar streiten. Danach warst du merklich abgekühlt.«

»Ja, warum wohl … ist ja auch klar. Aber das war doch was gaaaanz anderes als jetzt. Wir lieben uns doch und kennen uns auch schon irre gut«, sagte ich tapfer, während meine Marmelade langsam vom Croissant tropfte. Und dann trumpfte ich auf und funkelte Jörg kampflustig an. »Erinnere du dich mal bitte an dein Streifenhörnchen, der mit den wahnsinnig schlecht gefärbten Strähnen. Dieser drittklassige Schauspieler aus der Provinz! Wo wart ihr noch zusammen? Auf einem Filmfest an der Ost-Ostsee. Und da hat er sich ja schon benommen wie Tante Gisela das erste Mal in der großen weiten Welt. Erst war er unpünktlich, dann knallte er dir am roten Teppich die Autotür vor den Schädel, dann ist er ohne dich reingerannt und hatte DEINE Karte auch noch in seinem schlecht sitzenden Sakko, und du standst zehn Minuten wie ein unerwünschtes Groupie vor den schlecht gelaunten Bodyguards. Als er, der eigentlich nur dein Begleiter war, endlich merkte, dass du, der geladene Gast, fehltest, war er auch noch pampig, weil du angeblich zu langsam warst. Was für ein Idiot. Das ganze Wochenende hat er dir versaut, beim Frühstück fünf Zigaretten geraucht und nichts gegessen, keinen Sinn für Sinnlichkeiten gehabt, die Schönheit der Landschaft nicht erkannt, stattdessen mit dem hotelansässigen, rosa gekleideten Animateur geflirtet.«

Sabrina kicherte laut auf, und der vor Wut rot angelaufene Jörg schlug zurück: »Du, liebe Sabrina, hast es noch nicht mal bis zum Ziel geschafft – auf dem Weg dahin hast du dir auf der dritten Raststätte den Ausstieg erpresst.« Er hob seine Stimme und äffte sie erstaunlich gut nach: »Wenn du mich nicht sofort rauslässt, erzähle ich allen, was für einen hässlich behaarten Rücken du hast.«

Sie reagierte mit kurzem Atemstillstand. »Das hätte keiner von euch ausgehalten. Keine einzige Minute länger. Dieser Spießer. Dieser Pedant. Klugscheißer. Stundenlang gurkten wir durch die Gegend, weil der Idiot den Weg nicht kannte. Ich durfte in seiner heiß geliebten Kutsche nichts essen und trinken wegen Schmier- und Krümelgefahr, durfte meine Beine nicht übereinander schlagen, weil dabei meine Schuhsohle unter Umständen irgendwie sein Cockpit hätte beschmutzen können, durfte keine Musik hören – das machte ihn nervös – und mir dann noch die ganze Zeit sein Gesülze über die Trennung von seiner Frau und die Vorteile eines Ehevertrages anhören. Die Krönung war dann, als er mir, während wir an einem frisch gedüngten Feld vorbeifuhren, unterstellte, ich hätte meine Körperfunktionen nicht im Griff und wie peinlich und ekelhaft es sei, wenn Frauen mal Luft abließen. Wer von euch wäre da nicht aus dem Auto gesprungen?«

»Aber es kann doch auch schön sein«, versuchte Ronja die aufgeheizte Stimmung zu beruhigen. »Erinnert euch bitte an Paris! Vor dem Eiffelturm, unterm Sternenhimmel, ist Florian vor mir auf die Knie gesunken und hat unter Tränen laut schreiend dem Schicksal und dem Universum gedankt, dass sie mich zu ihm geschickt haben! So sehr hat er mich geliebt und seiner grenzenlosen Liebe erst hier, in Paris, auf unserem Kurztrip, freien Lauf gelassen.« »Ach, dieses Riesenrindvieh, das dann ein Jahr später allein in Paris war und im Moulin Rouge seinen anderen Gefühlen freien Lauf ließ – die Nutten tanzten nur für ihn, und du hast die Rechnung gefunden.«

»Ja, wir erinnern uns«, sprachen wir unisono. Und alle starrten zeitgleich Ronja an. Arme Ronja. Haben wir doch nur gemacht, um von uns abzulenken. Jörg kam aber wieder aufs Wesentliche. »Kinder, das ist Schnee von gestern. Jetzt lasst uns lieber überlegen, wie unsere Kleine dieses Wochenende übersteht, ohne dass er danach weg ist. Was wollt ihr denn im Spreewald machen, du meine Güte. Das ist doch Langeweile pur ...«

»Na essen, schlafen, spazieren gehen, Sauna ...«

»Oh Gott, SAUNA! Da, wo die Haare nicht sitzen, man wie ein Schwein schwitzt und sich in seiner strammen oder schlaffen Körperlichkeit präsentieren muss. Wie furchtbar – wie mutig!«

Ich stand auf, zahlte und ging. Das war zu viel an freundschaftlicher Hilfestellung. Außerdem musste ich dringend packen. Da die geneigte Leserin ja inzwischen weiß, dass ich gelegentlich zu Übergepäck neige, saß ich drei Stunden später vor einem 30 Kilo leichten Koffer – nicht schlecht für immerhin drei Tage. Die Reaktion meines Liebsten war humorvoll-gelassen: »Wanderst du aus?« Er schleppte den

Koffer ins Auto, und wir fuhren los – ohne nennenswerte Zwischenfälle, ohne uns zu verfahren, ich durfte im Auto essen, trinken und sogar singen.

Der Moment des Auspackens war dann peinlich – für mich. Während ich alles nur hektisch und in letzter Minute, teilweise ungebügelt, in den Koffer geworfen hatte, waren seine Wäsche, Hemden und Hosen auf Kante gestapelt, nach Farben sortiert und aufs Ordentlichste gefaltet. Wie beim Militär oder bei Mutti. Toll! In dem Moment war mir klar, wer spätestens nach der Hochzeit die Fürsorge der Wäsche übernehmen würde. Ich freute mich jetzt schon auf endlich ordentliche Kleiderschränke!

So, aber jetzt ging's in die Sauna. Wir griffen uns die Hotelbademäntel, in denen jeder eine Matschfigur hat, und schlurften in Badelatschen in den Wellness-Bereich. Wir waren übrigens zum ersten Mal gemeinsam in der Sauna. Wie eine professionelle Schwitzkasten-Heldin stürzte ich mich gleich unter die viel zu kalte Dusche. Er reagierte mit einem zärtlichen: »Süße, das ist aber nicht gut. Das belastet den Kreislauf zu stark.«

Ich Loser, ich. Also beruhigte ich mich und setzte mich brav und ein wenig verklemmt neben ihn auf die zweite Etage in die 95-Grad-Sauna. Es ist doch ganz klar: Keine von uns setzt sich das erste Mal nackig lässig und unverkrampft neben ihren Liebsten, so wie sie sich angezogen auf einen Drehstuhl schmeißen würde. Ich zog gewohnheitsgemäß den Bauch ein und entdeckte erniedrigenderweise kleine Beulen auf dieser in zwei Hälften geteilten Fläche. Vor Schreck streckte ich ihn sofort wieder raus und legte meine Hände drüber. Das zweite Problem war die Stellung der Beine. Am liebsten hätte ich die Beine übereinander geschlagen. Aber wir waren ja hier nicht im Büro. Beine anziehen und vor die Brust? Das gewährte meinem Gegenüber einen freien Blick ins Allerheiligste. Ich machte es einfach wie immer – ich legte mich hin, das garantierte auch automatisch einen flachen Bauch. Mein Liebster hatte dieses Theater einfach nicht nötig. Er setzte sich hin und saß! Während ich noch mit mir beschäftigt war, fiel mein Blick auf mein Gegenüber: männlich, 98 Kilo Lebendgewicht bei einer Größe von maximal 1,72 m, Glatze, müdes Tatoo am schlabbrigen Oberarm. Er saß im Gegensatz zu mir sehr breitbeinig da und machte sich nicht eine Sekunde Gedanken über mein Seelenheil bei diesem Anblick. Dazu lief ihm der Schweiß in Strömen über den Körper, und er wischte ihn sich mit einem Stöhnen in regelmäßigen Abschnitten von 20 Sekunden ab – so wie eine Kuh mit ihrem Schwanz die Fliegen wegschlägt. War das eklig.

Mein Liebster schwitzte natürlich so gut wie gar nicht. Also schon, aber sehr angenehm. Und in sein Handtuch. Ich zuckte kurz und heftig zusammen, als ich seine Hand aus Versehen auf meiner Schulter spürte. Huch, jetzt streichelte mich seine Hand. Kein Versehen. Pure Absicht! Ich schwitzte doch! Das schien ihm überhaupt nichts auszumachen. Jetzt sollte ich vielleicht auch mal als Zeichen meiner Liebe irgendeinen Körperteil von ihm berühren…

Ich entschied mich für sein Knie. Zum Glück waren dann zehn Minuten um, und wir verließen die Sauna und den schwitzenden Dicken. Aber, wissen Sie was? Nach diesem ersten Saunagang war alles anders: Ich fühlte mich plötzlich und irgendwie viel freier. Mir war es wurscht, dass es Beulen gab, wenn ich den Bauch einzog, dass er schwitzte, dass ich schwitzte, dass wir gemeinsam schwitzten. Nach der Dusche kuschelten wir uns in die Bademäntel, tranken Fruchtsaft, lasen Zeitung und genossen uns und unseren ersten kleinen Urlaub. Keine Katastrophe am Horizont. Im Gegenteil – Einigkeit in allem. Wir lästerten über die anderen Hotelgäste, gaben ihnen Namen, dachten uns Geschichten zu ihnen aus, hielten Händchen, knutschten und waren einfach nur verliebt. Die drei Tage waren wunderschön.

Am zweiten Morgen machte ich mein Handy mal kurz an, entdeckte fünf Panik-SMSen von meinen Freunden und antwortete in einer Rundmail an alle: »Hurra, wir leben noch! Ich liebe euch auch.«

Schatz, was gibt's zum Nachtisch?

Während meiner Single-Zeit war ich immer neidisch auf Paare, die am Samstagvormittag gemeinsam einkaufen gehen. Hübsch angezogen, sie den Einkaufzettel, er das Körbchen in der Hand, zwischendurch Küsschen und dann das wortlose Verständnis über die Wahl des Käses, des Weins und den sonstigen Inhalt des Kühlschranks. Das war für mich Gemütlichkeit und Zusammengehörigkeitsgefühl pur. Draußen in der Welt auf Beutefang gehen, um sich gemeinsam die Nahrung ins kuschelige Nest zu schleppen. Zusammen auf die Couch fläzen, sie mit Chips und Brot voll krümeln, mit Günter Jauchs Kandidaten fiebern und gemeinsam dick werden!

Gemeinsam dick werden? Genau an dieser Stelle fing meine Phantasie an, mich zu beunruhigen. Wie spießig, im Grunde genommen. Wie meine Eltern! Wie die Eltern meiner Eltern! Wie schrecklich. Muss das denn immer so sein? Werden aus zwei verliebten, wilden, gefühlvollen Individualisten irgendwann zwangsläufig Mutti und Vati, nur weil sie einen gemeinsamen Kühlschrank haben? Ich erwarte von meiner Beziehung ständige Attraktivität und ein geklärtes Mann-und-Frau-Dasein auf einem extrem hohen Niveau. (Mann, Mann, Mann, bin ich behämmert!)

Sabrinas Ex hat das übrigens genauso gesehen – für ihn gab es ein sehr geklärtes Mann-und-Frau-Dasein. Er schleppte die Beute an, und sie – musste bügeln, putzen, waschen, aufräumen, seine Kinder versorgen und ihm nebenbei noch ein bisschen Spaß bereiten. Davon, dass er sich von ihr auch noch Kostgeld geben ließ, will ich mal gar nicht reden. Ich habe ihn nie geschätzt. Und er hieß Manuel – das musste ich jetzt öffentlich machen.

Sabrina hat daraus gelernt und glaubt jetzt fest an die Sachen mit dem kleinen Finger und der ganzen Hand. »Schätzchen, klar kannst du ihm mal ein Hemd bügeln. Aber pass auf, dass daraus nicht sofort der ganze Kleiderschrank wird. Aus dieser Nummer kommst du sonst nie wieder raus.«

Uns passiert das natürlich nie. Wir sind ja so emanzipiert. Mein Liebster gibt seine Hemden in die Wäscherei, und ich esse außer Haus!

Deshalb war ich etwas irritiert, hielt es aber durchaus für ein hübsches Experiment, als er samstags morgens mit folgender Nachricht um die Ecke bog: »Schatz, ich habe ein paar Leute zum Angrillen eingeladen. Lass uns mal einkaufen gehen!«

Völlig unbelastet und neugierig auf diese neue gemeinsame Erfahrung (jedenfalls ich, er wollte, glaube ich, wirklich nur einkaufen gehen!) fuhren wir zum Supermarkt. Nachdem wir aus dem Auto gestiegen waren, hätte jeder Soziologieprofessor seine helle Freude an uns und unserem Verhalten gehabt. Wir waren die geborenen Testemonials – genetisch festgetackert über Generationen, Marionetten an gesellschaftlichen Fäden, wie Mama und Papa, zogen wir los. Jeder einen leeren Einkaufswagen. Er Richtung Getränke, ich von Geburt an zuständig für Gemüse, Salat und Saucen. Am Fleisch trafen wir uns wieder. Fleisch ist halt irgendwie doch ein Männerthema. Er kaufte Würstchen, ich wollte Filet (natürlich!), eingelegtes Holzfällersteak (igitt!) für die Kerle, Pute für die Damen.

»Noch ein bisschen Bauchspeck dazu? So was mögen ja richtige Männer«, schwatzte mir der Fleischer in meine Gedanken, und mein Liebster lachte laut und genervt zugleich. Ich konnte mich auf ihn verlassen, alberne und dämliche geschlechtsspezifische Fleischaufteilung! Nicht für aufgeklärte, gleichberechtigte, moderne Paare wie uns!

Nachdem wir das Dreikilopäckchen aus den wuchtigen Händen des Fleischers entgegengenommen hatten, entstand eine kurze Pause. Mein Liebster sah erst in meinen, dann in seinen Einkaufswagen, guckte mich dann unschlüssig an und fragte mich nebenbei: »Was gibt's denn zum Nachtisch? Was wirst du denn machen?«

Das Gefühl kannte ich aus der Schule: Komm mal an die Tafel und zeig uns mal mathematisch korrekt den Lösungsweg! Panik! Schweißausbrüche! Wie soll ich denn, wenn ich noch nicht mal den Ansatz von einer Lösung habe, gleich einen ganzen Weg aufzeichnen können? Aber ein noch viel furchtbareres Gefühl war die Erkenntnis, dass mein Liebster halt doch ein ganz gewöhnlicher Mann ist, der in diesem Augenblick, vor der Tiefkühltruhe und hinter dem Regal mit den Tütensuppen, in mir eine ganz gewöhnliche Frau sah. Und die sind genetisch zuständig für den Nachtisch! In was für einer Welt lebe ich denn bloß? Haben die Männer denn nichts gelernt? Wird frau denn auf Nachtischmachen und Hemdenbügeln reduziert? Wir sind doch anders, mein Liebster und ich.

Das war der richtige Moment für meine Atemübungen, frei nach meiner Analytikerin Frau S Punkt aus B Punkt. Während ich tief ein- und ausatmete und kurz davor war, mir eine Einkaufstüte über Mund und Nase zu stülpen, um das Hyperventilieren zu vermeiden, hatte ich einen Geistesblitz. War es nicht einfach nur Angst, Angst vor Nomalität?

Davor, eine normale Beziehung zu führen, die nicht immer auf der Überholspur in Lichtgeschwindigkeit mit überraschenden Momenten und außergewöhnlichen Situationen stattfindet? Eine Beziehung, die auch mal Alltag sein kann? Zwei Menschen, die nicht immer nur im Wahn übereinander herfallen, sondern auch einfach mal grillen? Ganz zu schweigen von der Angst, den Nachtisch zu versauen. Sie wissen ja, wie's um meine Küchenkünste steht.

Ich diesem Moment überkam's mich trotzdem noch mal. Der Gedanke, ich soll mich jetzt für die Gestaltung des Nachtisches verantwortlich fühlen, holte aus mir meine letzten Fremdsprachenkenntnisse heraus: »MOI? MOI? MOI?«

Auf Französisch klingt ein einfaches ICH? noch viel entsetzter. Zum Glück lachte er laut. Er glaubte doch tatsächlich, ich wollte ihn nur verarschen. Meine Angst, auf der ganzen Strecke zu versagen, blieb unbemerkt. Ronja! Zum Glück erreichte ich sie gleich auf ihrem Handy und holte mir sofort einen Anschiss. »Du undankbares Stück«, schnauzte sie mich an. »Wie lange bist du alleine durch Supermärkte gelatscht, hast uns abends von deinen soziologischen Beobachtungen erzählt, von Paaren, die für dich der Inbegriff des siebten Himmels auf Erden waren? Und jetzt schiebst du wegen eines dämlichen Nachtischs so eine Panik? Hol dir einen Eimer rote Grütze und schütte Vanillesauce drüber. Gibt's alles fertig, schmeckt klasse, und keiner merkt, was du für 'ne Niete bist.« Sie beruhigte sich gar nicht mehr. Wie ein Stakkato an Beschimpfungen reihte sich Satz an Satz. »Wie lange willst du die unabhängige Super-Single-Frau ohne einen Hauch Verantwortung spielen? Wann begreifst du endlich, dass das Leben nicht nur Kino sein kann? Genieße doch einfach jede Minute, und der Alltag gehört dazu. Im Gegenteil: Der Alltag macht's doch erst perfekt.

Wenn ein Mann alltagstauglich ist, ist das fast wie ein Sechser im Lotto. Wie alltaugstauglich bist du eigentlich, wenn du noch nicht mal bereit bist, einen beschissenen Scheißnachtisch auf den Tisch zu stellen, ohne gleich in deinem feministischen Gehirnmatsch auszurutschen?« (Ich möchte mich an dieser Stelle für die Wortwahl meiner Freundin entschuldigen!)

Ronja legte auf, und ich fing an, ernsthaft über Nachtische und Vorteile einer Beziehung, einer längeren Beziehung, einer ernsthaften Beziehung nachzudenken. Es war an der Zeit, einfach mal zu lassen – fallen zu lassen, loszulassen, zuzulassen.

Und das mitten im Supermarkt. Okay, rote Grütze und Vanillesauce. Als mein Liebster dann plötzlich vor mir stand, strahlte er übers ganze Gesicht und zeigte auf seine Ausbeute: Vanillequark mit Obst. »Meinst du, wir kriegen das hin, wir Koch-Schwachmaten?«

Wir? Wir? Wir? Dafür reichten jetzt gerade meine Französischkenntnisse nicht mehr. Ich weiß auch nicht, was spießig auf Französisch heißt. Aber unsere Art der Spießigkeit fing an, mir zu gefallen. Ja, er stand mit dem Föhn und der Flasche Bier am Grill. Ja, ich habe die Tischchen gedeckt und war zuständig für die Dekoration. Ja, er hat das Fleisch gebraten, und ja, ich habe den Salat gemacht. Und gemeinsam fühlten wir uns zuständig und bereit für den Nachtisch.

Irgendwie kam mir die Situation ziemlich vertraut vor. Wo hatte ich das schon gesehen? Bei meinen Eltern? Bei den Eltern meiner Eltern? Schön ...

Nein, Mama,
ich bin nicht schwanger!

»Schwarzwälder Kirsch? Oder Käsekuchen mit Sahne?«

»Ach herrje, wissen Sie was, ich nehm von jedem ein Stückchen!« Vor Vorfreude tropfte mir der Zahn. »Dazu einen Latte macchiato – aber bitte mit Süßstoff! Und eine Cola zum hinterherspülen. Na, Mama, was nimmst du denn? Oder machste gerade mal wieder Diät?«

Ich stand mit meiner Mutter in einem knuffigen Oma-Café. Es war voll. An den winzigen Tischchen Leutchen so um die 70, die Damen mit Hütchen beim Teechen. Die, die keine trugen, präsentierten das weiße Haupthaar, Silber gespült mit dem Stich Lila. Ganz Verrückte trugen blau. Die Luft war rauchgeschwängert, eigentlich konnte man kaum atmen, und reden konnte man auch nicht, weil's viel zu laut war. Da hier alle schrien, schrien wir mit. Die Kellnerin war blond gefärbt, um die 50, trug pinkfarbenen Nagellack und Gesundheitsschuhe. Klar, bei dem Programm, was die hier so ablaufen musste.

Als der Kuchen zehn Minuten später vor uns stand – ich gerade das erste Stück auf der winzigen Gabel Richtung Mund balanciert –, platzte es aus meiner Mutter raus: »Ich weiß es ganz genau. Du kannst mir nichts vormachen. Ich bin deine Mutter, ich habe dich geboren. Also sag schon… Wann?«

Ich stopfte mir weiter den Kuchen rein, ohne den seltsamen Worten meiner Mutter irgendeine Beachtung zu schenken. Wie oft hat sie mich schon vorm Altar, mit Brautkleid, Schleier und sogar passendem Mann gesehen.

Jaja, ich weiß, sie will, dass ich endlich mal sesshaft werde, so mit Reihenhäuschen und Garten. Mütter können erst wieder ausatmen, wenn die Töchter tatsächlich unter der Haube sind. Sie wollen dann endlich die Verantwortung an den Schwiegersohn abgeben.

Genug gewickelt, gefüttert, gehätschelt, gekocht, geliebt, gepflegt, Schularbeiten beaufsichtigt, aufs Leben vorbereitet, sich mit der Pubertät rumgeschlagen, Sorgen gemacht, das Studium begleitet, bei Liebeskummer getröstet, Wäsche gewaschen, Behördenkram erledigt, gezahlt. Irgendwann reicht's dann.

Nicht, dass wir erwachsenen Mädels noch jeden Tag nach Mama schreien würden. Aber Mütter sind halt ihr Leben lang Mütter und kommen auch ungerufen immer wieder auf den Plan.

Da saßen wir beide nun friedlich, und dann kam der nächste Hammer: »Kind, ich hatte erst gedacht, du bist nur so einfach bisschen propperer geworden. Na, nun komm, rück schon raus mit der Sprache. Deine Augen verraten es doch sowieso schon. Du hast nämlich diesen bestimmten seligen Blick…«

»Mama, wir können jetzt noch eine Stunde »Ich sehe was, was du nicht siehst« spielen – wir können die Nummer aber auch abkürzen. Was is?«

»Ich habe mit der Tante Carla schon drüber gesprochen. Du, die ist froh! Die hat auch gesagt: ›Da is se aber uffn letzten Zuch uffjesprungen.‹«

Ich guckte ratlos. Wieso denn jetzt Tante Carla? Und welcher Zug? Hatte hier irgendjemand vor zu verreisen? »Mama, wenn du mir jetzt nicht sagst, was los ist, mach ich Blubberblasen mit dem Strohhalm in meiner Cola! Und zwar so, dass dein Stück Torte Schwimmflügel braucht!« Ich wurde trotzig. Da kann ich noch so alt werden, das Kind mit dieser Eigenschaft in mir wird nie erwachsen.

Mama holte tief Luft und riss mir den Strohhalm aus'm Schnabel. »Ich freue mich jetzt schon, wenn du mit deinem Kind hier sitzt und dir so was anhören musst!«

Da kann sie aber noch lange drauf warten. Ich und Kinder! Und genau das sagte ich: »Ich und Kinder?«

Mamas Augen leuchteten, und sie schrie voller Entzücken: »ZWILLINGE!« So, das hatte jetzt auch die Dame da hinten mit dem defekten Hörgerät verstanden. Mutter bestellte sofort einen Fernet Branca – natürlich einen doppelten, dem Anlass angemessen. »Zwillinge … Klar, bist ja auch dran. Dein Opa war ein Zwilling und deine Tante aus Pommern.« Jetzt begriff auch ich langsam, was meine Mutter mir da in den Bauch reden wollte: Sie dachte, ich sei schwanger! Hilfe. Eine totale Unverschämtheit wegen der zwei, drei Kilos zu viel!

Wir sollten eine ganze Pulle Fernet Branca bestellen. »Nein, Mama, ich bin nicht schwanger!«

Ihr Gesicht vereiste, und das Entsetzen über Weltkriege, Umweltverschmutzung, Vogelgrippe und Rechtschreibreform verblasste total angesichts dieser Nachricht. »Aber ich dachte, weil du doch … Hast du denn nicht … Wieso aber dann … Gott, bist du dick geworden!« Zwei Pullen. Eine für sie, eine für mich!

Kein Kind, aber eine Idee wurde geboren. Und ich dachte an Kerstin, drei Kinder von – zum Glück! – nur zwei Männern. Ich erinnerte mich an ihre strahlenden Augen, die kugelrunden Bäuche, die zärtlichen Vorbereitungen auf den kleinen neuen Erdenbürger, das Einkaufen von Bettchen,

Wagen, Stramplern, Fläschchen, Nuckis... Es war wirklich erstaunlich, sie nahm auch immer nur am Bauch zu, von hinten sah man gar nichts. Und dann diese winzig kleinen Babys an ihrem prallen Busen. Junge Mütter haben eine wunderbare Ausstrahlung. Und es macht auch gar nichts, dass sie völlig fertig aussehen und ab jetzt keine Bluse, kein T-Shirt mehr ohne Babybrei oder Kotze tragen, nie mehr zum Friseur kommen, völlig verschlampt rumlaufen, Sex nur noch aus Filmen kennen, zur Rückbildungsgymnastik rennen und trotzdem aussehen wie mitten in der Schwangerschaft.

Okay, reden wir über Hormone. Frisch Verliebte haben einen permanenten Hormonüberschuss. Sie sind verwirrt und im Ausnahmezustand. Was dazu führt, dass die Gedanken Karussell fahren.

Als ich meinen Liebsten gerade zwei Wochen kannte, waren wir wie alle frisch verliebten Paare natürlich im Zoo. Sie glauben gar nicht, wie mich die nölenden Kinder anderer Leute genervt haben. Dieses ständige Rumgezuppel an den Eltern, immer noch mehr Geld für Eis und den Futterautomaten, sie übervölkerten den Streichelzoo, die Toiletten und den Pommeskiosk. Es wäre mir im Traum nicht eingefallen, die Pille abzusetzen und meinen Liebsten mit einem Kind zu teilen – Aufmerksamkeit, Liebe, Zeit, Zärtlichkeit, na alles halt!

Tatattataaa... Wie bekloppt ist man denn, wenn man unter einem gewissen Hormonzwang steht? Jetzt, nur wenige Wochen nach diesem Zoobesuch, war nämlich alles anders. Letztens verliebte ich mich glatt noch mal in ihn, als ich ihn beobachtete, wie entzückend er mit einem fremden Kind spielte und ihm erklärte, wieso dieses Blatt Papier mal ein Baum war! Der geborene Vater. Dieser Mann musste viele Kinder haben. Eigene! Und ich, ich allein, wollte ihm diese Kinder schenken! Ich informierte sofort meine Analytikerin Frau S. über diese wundersame Veränderung in meinem Wesen. Sie reagierte wie gewohnt gar nicht. Bis auf ein »Glauben Sie mir, Sie sind nicht die einzige Frau, die sich aus Liebe fortpflanzen möchte« kam nichts.

Gott, war sie denn niemals zu einer normalen Reaktion zu bewegen? Sind das nicht die ewig kontrollierten Frauen, die sich dann in Diskos die Klamotten vom Leib reißen und auf dem Tisch tanzen. (Ich wollte erst pinkeln schreiben, habe mich aber nicht getraut!)

Plötzlich hörte ich etwas ticken. Ganz so wie das Krokodil bei Peter Pan. Tick, Tack, Tick. Hilfe, meine biologische Uhr! Um Himmels willen. Ich dachte immer, ich hätte keine. Und jetzt, angesichts meiner veränderten Lebenssituation, musste auch ich mir die Frage stellen, wie viel Zeit mir noch blieb, um eine Fußballmannschaft in die Welt zu setzen!

Okay, drei Pullen von dem Fernet-Zeug. Wobei – Alkohol und Schwangerschaften schließen sich bekanntermaßen ja aus. Ich war in einer Zwickmühle und offensichtlich mal wieder kurz vor einem Hysterieausbruch!

In dieser Panik schrieb ich meinem Liebsten eine SMS: WILLST DU EIGENTLICH KINDER??? Gedankenlos und unverantwortlich von mir, wie sich zehn Sekunden später rausstellte. »ICH WERDE VATER!?« Schöne Scheiße, noch jemand auf dem Irrweg. Ja, sind denn jetzt alle durchgeknallt? Ihm jetzt nur zu schreiben, dass es sich um einen fatalen Irrtum handelte, brachte ich nicht übers Herz. Ich rief ihn an.

»Nein, Schatz, ich bin nicht schwanger. Ich dachte nur …«
»Okay, Süße. Du bist eine wunderbare Frau, und ich kann

mir dich als italienische Mama mit vielen Bambini, dickem Busen und brodelnder Pasta auf dem Herd fantastisch vorstellen. Aber gib uns einfach noch ein bisschen mehr Zeit, uns als Paar kennen zu lernen und zu entdecken. Diese Zeit gehört jetzt erst mal nur uns, die möchte ich mit dir ganz alleine haben. Ich liebe dich!«

Nachdem ich meine angetrunkene und immer noch schwer enttäuschte Mutter zu Hause abgesetzt hatte, ging ich noch schnell in den Supermarkt – Gemüse kaufen. Für den Fall der Fälle wollte ich schon mal mit der gesunden Ernährung anfangen. Es war rappelvoll. Hinter mir am Fleischstand schubste mir eine junge Mutter mit zwei kreischenden Kleinkindern ihren Wagen in die Hacken. Als ich gerade losbrüllen wollte, übernahm das an meiner statt eines der Kinder. Voller Wut schmiss sich der kleine Junge auf den Boden, strampelte mit den Füßen, schrie irgendetwas von »Ich will Schokolade und keine blöde Wurst!« (so was kannte ich nur aus Filmen), während das noch kleinere Mädchen in aller Seelenruhe die noch nicht bezahlten Wattepads in eine Million Einzelteile zerpflückte. Ich wäre jetzt weinend zusammengebrochen – als Mutter DIESER Kinder! Die echte Mutter ignorierte ihren schreienden Sohn, sammelte die Wattewolken ein, zog ihrer Tochter Handschuhe an und bestellte 500 Gramm Gehacktes. War ich froh, dass sich mein Kinderwunsch a) noch nicht erfüllt hatte und b) gerade in Luft auflöste … Vorerst!

Vergnügt und erleichtert griff ich nach dieser Erkenntnis ins Regal mit der Schokolade. Als ich plötzlich noch mal kurz meine Mutter hörte: Gott, bist du dick geworden!« Ich legte die Schokolade wieder zurück. Okay, daran kann ich ja arbeiten, Mutter!

Hexerei und Liebeszauber

»Mona hat gesagt, ich muss das so machen«, sagte Sabrina und zuckte vor Schmerz. Ihre Bluse beulte merkwürdig aus. »Was hast du denn da?«, fragte ich und tippte auf die Beule. »Autsch, blöde Kuh, das tut weh. Na, Rosen…«

»Klar, und ich Schaf steck die immer in die Vase – wie rückständig!«

»Mann, damit hole ich mir den Sebastian aus der Bank gegenüber. Den großen Blonden.« »Verstehe, Schätzchen, aber wenn du ihm Blumen schenkst, sollten sie vielleicht frisch und ungetragen sein. Und wer ist eigentlich Mona?«

»Du verstehst auch gar nichts«, grummelte Sabrina und rückte mit der Sprache raus. Mona war eine Hexe, eine freiberufliche wohlgemerkt, Adresse und Telefonnummer aus dem Örtlichen. Und die verstand offensichtlich viel von Liebeszauber und versprach noch mehr…

»Ich verstehe, dass essen gehen heutzutage eine wahnsinnig langweilige Methode ist, jemandem zu sagen, wie gern man mit ihm zusammen sein möchte. Und Rosen unterm Pulli schleppen macht dann bitte genau was?«

»Tja, ich kann's dir vorlesen. Die Geistwesen verstehen ja nur eine bestimmte Sprache.« Sie kramte nach einem Zettel und las: »Damit er dich mit ganzer Seele liebt und dir treu ist dein ganzes Leben lang, trage drei Rosen, eine dunkelrote, eine blassrote und eine weiße drei Tage, drei Nächte und drei Stunden lang auf deinem Herzen, sodass sie niemand sehen kann. Bete dann dreimal das Vaterunser, dreimal das Ave Maria und mache das Zeichen des Kreuzes. Hänge dann die drei Rosen drei Tage, drei Nächte und drei Stunden lang in eine Flasche Wein und lass ihn den, dessen Herz du begehrst, trinken, ohne dass er es wisse, was darin war.«

Ich war beeindruckt ob so viel Energie und Schwachsinn auf einem Zettel und in einer Bluse zugleich. »Wow, wow, wow! Wer hat dir denn ins Gehirn gepupst? Und wie willst du ihm den vergifteten Wein unterjubeln, wenn er dich doch noch nicht mal richtig kennt?«

Sabrina grinste das erste Mal: »Darüber denke ich nach, wenn die Wunden auf meinem Dekolletee verheilt sind.«

Ich konnte sie ja irgendwie verstehen. Nach drei gescheiterten Beziehungen halfen vielleicht wirklich nur noch magische Rituale. Frauen, in schlimmen Momenten des Liebeskummers, ticken einfach anders. Da greift man auch mal nach spirituellen Strohhalmen. Selbst Ronja ist mal einer solchen Versuchung erlegen. Beim Joggen um den See traf sie eine Freundin, die ihr den Liebeskummer sofort ansah (was auch kein Wunder war, immerhin hatte sie gut und gern zehn Kilo abgenommen!) Voller Verständnis und mit sehr leiser Stimme empfahl diese Freundin Ronja ein magisches Ritual. Man muss sich vorstellen: Treffen sich zwei verschwitzte, erwachsene Frauen in babyblauen und kanarienvogelgelben Joggingklamotten im Wald. Klingt ja schon wie der Anfang eines Spitzenwitzes. Sagt die eine zur anderen: »Das mit dem Liebeskummer muss nicht sein. Ich kenne da ein paar magische Hexentricks, die wirken immer bei mir. Hundertprozentige Trefferchance. Hab mir so meinen Piloten wiedergeholt, der schon unwiederbringlich abgeflogen war.« Alles, was frau brauchte, war eine Muschel mit zwei zusammengehörenden Hälften, einen Zettel, Fotos, Haare von sich und von ihm, Mondlicht, goldene Bänder, ein tiefes Loch und eine lilafarbene Kerze. Und eine verdammt gute Ausrede, sollte man des nächtens beim Buddeln im Park erwischt werden. Ronja hat sich genau an die Anweisungen gehalten – der Typ ist natürlich trotzdem nicht wiedergekommen. Aber die Kerze hat sie heute noch. Es war auch gar nicht einfach, eine im passenden Violett-Ton zu finden …

Im tiefen Innern kann ich immer noch nicht fassen, dass erwachsene Frauen sich mit solcher Pillepalle beschäftigen. Und ernsthaft auch noch daran glauben – wie hilflos muss man sein, zu solchen Mitteln zu greifen, darüber zu reden und sich damit als komplette Idiotin zu outen.

Nun gut. Aber zur Ehrenrettung aller meiner verzweifelten Schwestern im Geiste muss ich mich daran erinnern, dass auch ich rationale Frau mich mal habe verleiten lassen. Als mein Liebster und ich unseren ersten Streit hatten, hab ich ja auch eine Voodoo-Puppe gebastelt. Oh Gott, und dann gab es da noch eine Situation … Da ging's mir aber auch wirklich sehr, sehr, sehr, sehr schlecht. Ehrlich. Und nur weil ich darin eine letzte Chance gesehen habe, meine Rettung quasi.

Mit einem Foto des Herren, der mich doch seit Monaten glatt übersah, obwohl ich lichterloh vor seinen Augen abfackelte vor lauter Liebe, ging ich zu meinem Termin mit so einer Magierin. Sehr unspektakulär war die Suche nach ihrem Klingenschild in einem Hochhaus in Berlin-Marzahn. Als ich klingelte, schubste sie erst mal zwei Kinder mit Berliner Kodderschnauze aus meinem Gesichtsfeld, lotste mich in die Küche, kochte Kakao, hörte Schlagersender und kratze sich mit ihren viel zu langen schmutzigen Nägeln in dem viel zu dünnen fettigen Haar. »Nu setzten Se sich mal hin. Ick bin ja gleich da. Watt kann ick denn für Se tun? Packen Se schon mal aus, um watt et hier eijentlich jeht.« Wie, sollte ich jetzt *sein* Foto auf den Tisch legen, zwischen Butterresten, Fernbedienung und einem vollen Aschenbecher, das Foto, das ich unter solchen Mühen ergattert hatte? So irdisch können Hexen sein. Ich hielt das Foto dann doch lieber in der Hand, bis sie wieder in der Küche erschien. Sie guckte in die Karten und sagte zuversichtlich: »Nee, nee… der ist auf dem Weg zu Ihnen. Ick spüre ditt janz deutlich. Et fehlt nur noch ein kleenet Stück. Der will, braucht aber lediglich einen kleenen Anschubser.« Aha?!

Und wie konnte dieser Anschubser aussehen? »Na, ditt erledige ick denn, Kindchen. Für 300 Euro nehme ick ditt Foto bei Vollmond mit, kletter hier hinterm Haus uffn Berg und schubse dann sozusagen spirituell… Der Herr wiederum wird 'ne jewisse Veränderung spüren, sich die nich weiter erklären können – watt eigentlich och ejal is – und wird seiner inneren Stimme (quasi mir!) folgen – direktemang in Ihre Arme rin.«

Und jetzt zeigen Sie mir mal eine Frau, die an diesem Punkt, so kurz vorm Ziel, »nö« sagt. Wenn man schon so bekloppt ist, und den Weg überhaupt dahin gefunden hat, zieht man das auch durch.

Ich hatte nur 150 Euro dabei, die gingen aber als Anzahlung glatt durch.

Auf der Heimfahrt formulierte ich im Geiste schon die Einladungen für unsere Verlobungsfeier. Nach exakt drei Stunden wussten Freundes- und Bekanntenkreis, Nachbarschaft und Kollegium, dass die höhere Macht auf meiner Seite war und sich jetzt endlich um meine Angelegenheiten kümmern würde. Jörg drehte völlig durch. Endlich schien seine Freundin, die sonst noch nicht mal ein Likörchen trinkt, auch etwas von diesen bunten, höchst illegalen Substanzen zu nehmen.

Und ich? Ich wartete und wartete und wartete. Zwei Wochen später wollte ich die Frau noch mal anrufen, um ihr die fehlenden 150 Euro zu geben – den Anschluss gab es nicht mehr. Sie war verschwunden. Mit meinem Geld, meinen Hoffnungen und SEINEM Bild. Wahrscheinlich in ihrer Brieftasche. Nachdem ich dann etwa ein Jahr später von seinen Hochzeitsplänen mit einer anderen erfuhr, habe ich aufgehört zu warten. Seit diesem Zeitpunkt stehe ich magischen Ritualen mit einer gewissen Skepsis gegenüber. Trotzdem pflege ich sie irgendwie jeden Sommer aufs Neue, wenn ich mit meinen Freundinnen einmal im Jahr, auf einem Ruderboot sitzend, das Schicksal befrage. Wir sammeln vorher alle Jahreshoroskope und Fotos von aktuellen oder Ex-Lieben und befragen dann »Titanias Orakel«. Von »Werde ich jemals Grundbesitz haben?«, »Soll ich den Anruf von … beantworten?« über »Wie wird mein zukünftiger Ehemann aussehen?«, »Bin ich meinem Seelengefährten schon begegnet?« bis hin zu »Sollte ich das Angebot von … annehmen?« ist alles dabei. Wir nehmen Wein mit und Kerzen und konzentrieren uns voll auf das magische Element. Ab Stunde zwei wird das erfahrungsgemäß zunehmend schwieriger, vier angetrunkene Großstadtsusen auf einem schwankenden Miniboot mit so viel Schicksal suchen Antworten auf hunderte Fragen. Am nächsten Tag erinnert sich keine von uns an auch nur eine einzige Antwort, wir hatten Spaß, waren zusammen, haben geredet und hatten uns – genial.

Ein bisschen anders verhält es sich, wenn wir zu einer so genannten Wahrsagerin gehen. Alle zwei Jahre hat eine von uns DIE einzig wahre Hellseherin aufgetan, die mit dem Urtalent, die alles sieht, weiß und kann. Da pilgern wir dann der Reihe nach hin, um uns hinterher zum Kaffee zu treffen und alles durchzuhecheln. Jobwechsel in einem Jahr, Mann zum Heiraten erst in der zweiten Runde, noch ein Kind, auf Gelenke, Zähne und Unterleib aufpassen. Oder auch: Achtung! Eine Freundin meint es nicht gut. Können Sie sich vorstellen, was mit so einer Aussage ausgelöst wird? Krieg! Zunächst unterschwellig, dann offen! Und wenn wir dann mal wieder eine Krise überwunden haben, frage ich mich jedes Mal wieder, warum wir da überhaupt hingehen? Mir macht es Spaß und unterstützt mich in meinem positiven Denken und gibt mir ein gutes Gefühl – solange sie was Gutes sagt. Ist es was Schlechtes, halte ich es sowieso für Schwachsinn. Wie bei Horoskopen. Für Sabrina ist es eine Art Therapie, für Kerstin eine Offenbahrung, für Jörg die »geilste Droge der Welt«, und für Ronja liegt der Reiz im Verbotenen.

Klar habe ich dreimal überlegt, ob ich jetzt hingehen sollte. Der Zeitpunkt wäre ja günstig: Ich war schwer verliebt und plante meine Zukunft. Werden wir heiraten, Kinder kriegen, bleiben wir hier, oder ziehen wir um, hält die Beziehung? Fragen über Fragen. Ich hatte schon das Handy am Ohr, als es mir durch den Kopf schoss: Was, wenn ich Dinge höre, die ich gar nicht hören will? Wenn sie keine Liebe, keine Heirat, keine Kinder, keine Zukunft sieht? Kann ich dann ohne Probleme so glücklich weiterleben, oder habe ich immer die Trennung und andere Katastrophen im Kopf? Ich habe viel zu viel Respekt vor den so genannten »sich selbst erfüllenden Prophezeihungen«, Dinge, an die man glaubt und die dann auch so passieren, obwohl man es eigentlich nicht will. Furchtbar. Nee, dann fordere ich das Schicksal lieber nicht heraus. Und spare 90 Euro.

Eigentlich steckt ja in jeder Frau eine Hexe – Frauen gebären, trösten, heilen, nehmen Kinder in den Arm, schenken Wärme und Liebe, sind magisch. Deshalb ist es gar nicht so unverständlich, wenn frau, egal ob Topmanagerin, Tierpflegerin, Zahnärztin oder Kassiererin, sich auf diesem Wege Rat holen möchte, egal wie tough, rational, clever und bodenständig sie ist. Beim Thema Liebe werden die weiblichen Urkräfte geweckt. Sind Frauen unsicher, haben sie Fragen, Liebeskummer, Sehnsüchte, folgen sie wie Seekühe auf der Suche nach Futter den Worten der Wahrsagerin, vollführen magische Rituale und tragen Rosen unter der Bluse.

Sabrina stand kurz vorm Ziel: Bereits zwei Tage lagen die stinkenden Rosen, die sie zuvor drei Tage am Busen getragen hatte, schon im Wein, als sie einen dringenden Banktermin vorschob, um sich das Objekt ihrer Qual noch mal aus der Nähe anzuschauen. Diese Nähe war relativ ernüchternd: abgeknabberte Fingernägel, Pigmentflecken im Gesicht und totales Desinteresse, eine rotzige, unfreundliche Art ihr gegenüber. Nee, den wollte sie dann doch nicht.

Aber die Sache mit dem Wein zog sie bis zum bitteren Ende durch – wer will schon ständig piekende Rosen am Dekolletee tragen. Der edle Tropfen steht jetzt gut verkorkt im Regal und wartet auf den nächsten Einsatz. Deshalb kann ich an dieser Stelle noch nichts über die Wirkung dieses Rituals sagen...

Nachdem ich Sabrina dann doch noch Bepanthen aus der Apotheke besorgt habe (die Verletzungen von den Rosen zwischen ihren Brüsten sahen zum Fürchten aus, und wie hätte sie diese merkwürdigen Narben jemals erklären sollen?), bummelte ich bei erstem Frühlingsvogelgeschrei mit meinem Liebsten über den nächtlichen Kudamm. Wir redeten. Dies und das. Der und die. Ich und du. Ich sagte einen komplett banalen Satz: »Ich brauch jetzt 'ne Currywurst. Sofort. Mit ganz viel Ketchup!« Er hielt an und guckte mir in die Augen, als hätte ich ihm gerade ein Eheversprechen abringen wollen. »Genau das habe ich auch gerade sagen wollen – meine Hexe!« Na bitte... Was brauche ich Mona und ihre Talente? Das Universum und seine Magie sind mit uns!

Das erste Mal
auf der Tanzfläche – mit ihm!

Sonntagnachmittag, im Fernsehen lief »Dirty Dancing«. Wie mit 14 saßen Sabrina und ich auf der Couch, knabberten Nüsse, lutschten Eiskonfekt und sangen mit vollen Mündern lautstark mit. Wir waren ja alleine. Keine Kerle weit und breit. Meine Lieblingsstelle, wo er sie im Wasser hochhebt, kennt jeder! Die beiden üben für ihren großen Auftritt im Nachbarhotel, nachdem Baby sich mit dem glorreichen Satz »Ich habe eine Wassermelone getragen« ins Herz von Patrick Swayze und einem Millionenpublikum katapultiert hatte. »Der kann tanzen. Ich wünschte, ich hätte einmal so einen Tanzpartner gehabt. Dann hätte das auch mit meinen Hebeübungen besser geklappt und ich hätte noch mehr Preise abgesahnt«, sagte Sabrina, und ich konnte mich nur wundern. Hä, Tanzpartner? »Tja, Schätzchen, sieben Jahre lang Tanzschule, da hat man schon mal wechselnde Tanzpartner! Habe ich dir nie von meinen Tanzturnieren erzählt?« Es war an der Zeit, den Film zu stoppen (wir können ihn ja ohnehin mitsprechen) und sich aufrecht hinzusetzen! »Du warst in so 'ner spießigen Tanzschule? Mit verpickelten Tanzpartnern? Die hatten doch bestimmt alle Mundgeruch und ganz fürchterlich schlimme nasse Hände. Igitt, ich möchte darüber gar nicht nachdenken.«

Sabrina guckte merkwürdig: »Aber alle gehen doch in die Tanzschule – jedenfalls früher!«

»Ich nicht. Das heißt, ich war drin! Einmal. Mit 15. Ich

ging direkt wieder rückwärts raus. Meine Mutter hat meinen Vater in der Tanzschule kennen gelernt. Dieser Familientradition konnte ich angesichts des Tanzpartnermaterials unmöglich folgen. Schreckliche Jungs saßen da rum. So uncool… Ich war da auch gerade irre in Michael Z. verknallt, den man nicht mal mit Folterandrohungen zu einem Tanz im Dreivierteltakt hätte bewegen können. Der hätte mich sofort verlassen, wenn ich ihm so gekommen wäre. Mit Stöckelschuhen, Röckchen und einem angetackerten Dauergrinsen! Außerdem fand ich zusammen tanzen immer schon was für alte Leute!«

Sabrina reagierte empfindlich. »Du bist ignorant, arrogant und gerade ziemlich unwissend. Tanzen kann sehr kommunikativ sein, ist gut für die Körperhaltung, und es gibt Kaugummis gegen Mundgeruch! Mir hat's immer irre viel Spaß gemacht. Auch wenn mich keiner nach meinen Vorstellungen mühelos heben konnte. Außerdem hast du dann die Chance, mal wenigstens an einen zu kommen, der tanzen kann. Die meisten Jungs sind doch völlig untalentiert.«

Das stimmt. Männer und tanzen schließt sich in den allermeisten Fällen aus! Was eigentlich kein Problem wäre – gäbe es nicht meine neurotisch-neuralgischen Stresspunkte! Wieso soll ein Mann gut aussehen beim Tanzen? Ist doch auch schön, wenn es ihm nur Spaß macht. Haha… Ganz ehrlich: Mir ist es wirklich lieber, mein aktueller Lebenspartner steht ruhig an der Bar, trinkt lässig einen Whiskey, guckt mir beim Tanzen zu und sieht dabei umwerfend sexy aus. Cool, sicher und nicht so verschwitzt! Das hängt natürlich mit meinen ganz persönlichen Erlebnissen zusammen. Ich kannte da mal einen, der war recht männlich, eigentlich hässlich, aber auch ganz gut gebaut. Wenn ich es mir genau überlege, hatte der ein Gesicht, das nur eine Mutter lieben kann. Aus was für Gründen auch immer (Körperbau, Stimme, Automarke) hatten wir ein, zwei Dates. Bis zu diesem denkwürdigen Abend, als wir das erste Mal tanzen gingen. Da er zum Schwitzen neigte (!), kam er in einem Muskelshirt und kurzen Jeans – ich schwöre, so was hatte ich noch nie gesehen. Sobald die Musik spielte, schoss sie ihm wortwörtlich in Arme und Beine. Wie ein Derwisch wirbelte er über die Tanzfläche, vollführte merkwürdige Sprünge, riss dabei die Hände in die Höhe und schüttelte sich wie Jane Fonda in den allerersten Aerobic-Kursen aus den frühen Achtzigern! Nicht nur, dass er 90 Prozent der Tanzfläche für sich allein beanspruchte, mindestens vier Gläser und drei Teller von irgendwelchen Tischen fegte – nein, er schwitzte, schwitzte, schwitzte. Die Niagarafälle waren ein Tautropfen gegen ihn. Da er sich so schüttelte, hatten wir alle was davon – der Schweiß spritzte durchs ganze Etablissement. Wie ein aufgeregtes, aufgezogenes Äffchen schoss er alle zwei Minuten auf mich zu, spitzte seinen Mund und versuchte mich zu küssen. Irgendwann habe ich ihm dann den Rücken zugedreht, um eine Viertelstunde später völlig und für immer aus seinem Leben zu verschwinden. Ich hoffte, dass ich so was nie, nie, nie wieder erleben muss. Tja, aber dann kam Oliver M.

Ich werde nicht müde, bei meinen Freundinnen zu betonen, dass es sich hierbei um eine Affäre und NICHT um eine Beziehung gehandelt hatte! Ich erzähle hier nur eine Geschichte – und Sie werden mich verstehen. Die erklärt so vieles. Wir gingen tanzen, nachdem ich mir schon vorher zwei Stunden lang ihn und seine bekloppten Geschäftspartner reingezogen hatte. Ort des Geschehens war ein nobler Tennisclub, große Party, geschlossene Gesellschaft, nette, fröhliche Leute ohne viel Tamtam, einfach nur gute Laune und Spaß beim Tanzen. Und den hatte ich auch – bis plötzlich ein menschlicher Kreisel mit den PS-Zahlen eines Ferraris an mir vorbeisauste. Es machte tatsächlich ein Geräusch wie bei der Formel Eins. Wwwwwmmmmm! Und noch mal wwwmmmmmm. Jetzt blieb dieses seltsame Wesen von einem anderen Stern punktgenau vor mir stehen. Er sah aus wie Oliver. Oliver! Meine Affäre! Dann begann er sich auf mich zuzubewegen. Im Nachhinein nannte er es TANZEN! Mein Gott! Während er mit dem Unterleib zuerst auf mich zurobbte, suchte ich verzweifelt nach Ronja. Sie musste mich aus dieser hochnotpeinlichen Situation retten! Was ich nicht wusste, war, dass sie schon längst hinter mir stand und genauso blöde guckte wie ich.

Er ließ sich keine Minute von seinen abscheulichen Plänen ablenken und machte weiter mit diesem Balztanz. Hüftkreisend öffnete er wie eine Stangentänzerin den obersten Knopf seiner Jeansjacke. Knopf für Knopf arbeitete er sich vor und ließ dabei (ich schwöre, dass es stimmt!) seine Zunge über die Lippen kreisen. Als die Jacke auf war, riss er sie von den Schultern und wirbelte damit wie der Bademeister beim Saunaaufguss mit dem Handtuch durch die Luft – alle anderen Tänzer bekamen die Jacke um die Ohren gehauen, und die Stimmung ebbte merklich ab. Das Gleiche machte er anschließend mit dem Hemd. Als er nur noch im T-Shirt dastand, glich ich einer Salzsäule – starr vor Schreck und Entsetzen. Ronja. Ronja! Mach was, stammelte ich. Ronja nahm meinen Arm, zog mich von der Tanzfläche. Und dieses Urviech schoss wieder hinterher. Wwwwwmmmm. Ich befürchtete schon, dass jetzt seine Hose dran wäre. In diesem Augenblick rannte ich panisch aufs Damenklo und verschanzte mich hinter der sichersten Tür. Nach einer Stunde war er endlich weg, die Luft rein, ich ging und wollte nie mehr wieder in meinem Leben diesen Tennisclub betreten.

»Warst du schon mal mit deinem Liebsten tanzen?«, quasselte mir Sabrina in meine Horrorszenarien. »Ach herrje, nee«, stotterte ich und musste den Film in meinem Kopf jetzt sofort stoppen. »Och, mach mal. Wer weiß, was dein Supertyp auf der Tanzfläche so draufhat!« 30 Alarmglocken schrillten in meinem Kopf, und vor meinem geistigen Auge stellten sich 50 Stoppschilder auf! Was war, wenn er auch so ein Oliver-Tanztyp wäre? Wenn er mir den John Travolta machen wollte? Eine Mischung aus King Kong und dem Starballett-Tänzer aus dem Berliner Friedrichstadtpalast? Nein, so war er nicht! So durfte er nicht sein. Mein Liebster würde mit Sicherheit zu den Männern gehören, die lässig an der Bar stehen… Hoffte ich. Aber im dritten Monat unserer Beziehung fühlte ich mich stark genug, das auszutesten. Wenn ich hingucken konnte und mich nicht fremd schämen musste, dann wusste ich, dass ich ihn wirklich liebte. (Auch dieses Entscheidungskriterium durfte meine Analytikerin Frau S. niemals erfahren! Meine Mutter übrigens auch nicht. Und wenn ich's mir recht überlege, eigentlich niemand.)

Keine zwei Wochen später waren mein Liebster und ich eingeladen – große Party, nette Leute, gute Musik und eine extra freigeschaufelte Tanzfläche. Die Stunde der Wahrheit. Ich gebe zu, dass ich nicht mehr ganz so mutig war wie noch vor kurzem. Zunächst verschwand ich am Büfett und blieb dann fast zwei Stunden in der Küche sitzen. Küchen sind sowieso auf Partys der beliebteste Ort und gewöhnlich am weitesten von der Tanzfläche entfernt. Wenn dann die Tanzfläche nicht in die Küche kommt – in Form einer höchst peinlichen Polonaise. Im Kindergarten habe ich Polonaisen schon gehasst. Und diesem Werner Böhm möchte ich im Nachhinein noch etwas Schlimmes antun: »...fasst der Heidi von hinten an die Schulter.« Was ist denn das für'n Scheiß? Auf jeden Fall kam die Polonaise, und irgendwelche Hände rissen meinen Liebsten und mich einfach mit. Durchs Wohnzimmer, durchs Klo, am Schlafzimmer links vorbei, über'n Balkon bis in die Bibliothek. Über Stühle und Tische, hoch und nieder, immer wieder. Als diese entwürdigende Menschenkette endlich stoppte, standen wir zufällig auf der Tanzfläche, und Kylie Minogue begann »Cant Get You out of my Head« zu singen. Was war ich unentspannt. Von all diesen Ängsten wusste mein Liebster natürlich nichts. Er hüpfte irgendwie im Takt der Musik. Ja, er hüpfte. Ich schloss die Augen, mache ich sowieso gerne beim Tanzen. Lalalala... Zwischendurch blinzelte ich durch die fast geschlossenen Augenlider, um dann doch mal wahrzunehmen, was der Hüpfer vor mir so alles tat. Dazu muss ich sagen: ER war völlig normal, wie Männer halt so tanzen. ICH dagegen muss ausgesehen haben wie die dicke, rothaarige, zahnbespangte dreizehnjährige Pfarrerstochter, die zum ersten Mal rausgelassen wird. Verstehen Sie mich nicht falsch – ich bin auf der Tanzfläche sonst alles andere als verklemmt – ich flirte, ich spiele, ich kann Ihnen jede Rolle auf der Tanzfläche geben. Mit allen anderen Menschen – nur verdammt noch mal, warum nicht heute und hier mit meinem Liebsten? Ich war trotzdem fest überzeugt, dieses Programm hier heute Abend durchzuziehen – er sollte sich frei wie ein Vögelchen bewegen können, ohne dass ich ihn wie beim Turnier nach Pflicht und Kür, Haltung und Technik bewerten wollte. Das konnte ich später immer noch tun, wenn unsere Beziehung etwas gefestigter war.

»Was? Echt? Der hat getanzt… Das ist ja super!«, sagte Sabrina am Telefon.

»Echt, findste? Ist das nicht ein bisschen peinlich?«, stotterte ich ziemlich ratlos.

»Ach nö, Süße! Die meisten Frauen wären froh, wenn sie einen hätten, der gerne tanzt. Und wenn er seine Klamotten dabei angelassen hat und nicht schwitzte wie ein Puma (schwitzen die überhaupt?) – ist doch schon mal prima.«

Ich musste auflegen, mein Liebster kam. Er summte »Strangers in the Night« vor sich hin, hatte eine Rose in den Zähnen – oha, ein Moment, der auch wieder hätte peinlich werden können, wenn man seinen eigenen Verkrampfungen und Verklemmungen nachgibt. Aber es ist niemals peinlich, wenn man, statt nachzudenken und ständig alles zu analysieren, einfach mal mitmacht. Er riss mich an sich, und wir tanzten nach seinem Summen irgendeine Art von Walzer.

Endlich! Ein Mann der selbstbewusst mit mir tanzte und mich dabei zu führen wusste. In diesem Fall direkt ins Schlafzimmer!

Der erste Geburtstag

Ich habe schon viel Peinliches erlebt. Geburtstage, gerade wenn man sich noch nicht so gut kennt, gehören eindeutig dazu. Wie gemein. Der erste Geburtstag, und das im dritten Monat. Läge er wenigstens im ersten Monat der Beziehung, würden ein paar schöne Blumen, ein Buch und ein gemeinsames Essen alle Bedürfnisse befriedigen. Der dritte Monat allerdings verlangt Phantasie, persönlichen Einsatz und Mut. Man kennt sich schon ein bisschen besser, aber noch nicht gut genug, um in der Geschenkeauswahl hundertprozentig sicher sein zu können. Wie peinlich, wenn man merkt, dass sich der andere gerade große Mühe gibt, seine Enttäuschung zu verbergen.

Ich weiß nicht, was schlimmer ist: beschenkt zu werden oder selber zu schenken. Verstehen Sie mich nicht falsch – so nervenkrank bin ich nur, wenn es um IHN geht. Beschenke ich ihn, will ich natürlich, dass er dieses Geschenk nie vergisst. Nur – was heißt das? Soll ich mir 30 Milliliter von seinem Blut – wie Angelina Jolie und ihr Vor-Brad-Pitt-Liebster (oder Vor-vor-vor) – in einem filigranen, durchsichtigen, reagenzglasähnlichen, bruchsicheren Schmuckstück um den Hals hängen, um ewige Verbundenheit zu demonstrieren?

Schenkt man groß und teuer? Klein und wertvoll? Phantasievoll und einmalig? Ich kannte da mal einen echten Supertypen (irgendwo Mitte 40 und schon ein klitzekleines bisschen kahl), der seiner kindlichen Gespielin ein Sonnenblumenfeld geschenkt hat – für eine Saison, 75 Kilometer von zu Hause entfernt. Die konnte also jeden Tag mit dem Fahrrad (war ja erst 17!) in die Pampa fahren, um sich eine Sonnenblume abzuschneiden. Außerdem hat sie noch einen Stern am Himmel bekommen (so was hab ich nie ganz verstanden) und eine Parkbank im Zoo für einen Sommer. Ich denke, die wäre viel, viel glücklicher gewesen über ein Louis-Vuitton-Täschchen und Stilettos von Manolo Blahnik (weil sie »Sex and the City« soooo supiii fand!) Die Beziehung hielt ein paar Monate – im Herbst saß er allein auf seiner Parkbank. Sie tauchte nie wieder auf, und seinen Stern hat sie eh nie am Firmament erkennen können – der leuchtete wahrscheinlich sowieso nur über Afrika.

Ich gebe zu, dass man erheblich unter Druck ist, wenn so ein erster Geburtstag ins Haus steht. Da ich um diese Not weiß, nutzte ich die Chance, an meinem Ehrentag im April den Peinlichkeitsfaktor wenigstens ein bisschen zu reduzieren und zu lenken. Ich schlug meinem Liebsten einfach vor, die Geschenkearie auf nachts zu verlegen. Alleine, ohne Freunde und Zuschauer. Für ihn war's ein romantischer Gedanke, für mich die Garantie, dass wenigstens meine gaffenden und gierenden Freundinnen unbefriedigt blieben. Erfahrungsgemäß warten die ja nur darauf, dass ich mein Schauspieltalent voll auslebe: Ach, ist das schöööööön! Das habe ich mir ja schon sooooo lange gewünscht! Liebster, dass Du das geahnt hast!

Das alles grenzt an eine oscarwürdige Darbietung, wenn es sich um eine orangefarbene Tischdecke mit roten Herzen oder Folklorekleidung aus dem Dritte-Welt-Laden handelt (ist ja politisch korrekt!).

Ich kannte ja sein Geschenketalent noch nicht. Die meisten Männer sind nämlich extrem merkwürdige Schenker. Sie erinnern sich an meinen Musiker? Von dem habe ich viele schöne Sachen bekommen, unter anderem einen schreiend gelben Mantel in Größe 46 mit Schulterpolstern wie bei Denver und Dallas! Den hatte er aus dem KaDeWe; der Mantel war reduziert und damit vom Umtausch ausgeschlossen.

Das »Oh schön« war so gelogen, dass ich gleich hinterherschob: Ich wollte doch aber 'ne Kette! Ich Früchtchen (dass ich mich getraut hatte, so etwas zu sagen, erstaunt mich heute noch!). Ein Jahr später (den Mantel habe ich übrigens nie getragen) studierte ich auf Lehramt und jobbte nebenbei als Mädchen für alles in einer Nobelboutique. Ich war der Sam, ich trug den reichen Ladys die Schuhe und Kleider in ihren passenden Größen hin und her, schenkte den Champagner nach und lief bei minus 20 Grad für sie eben mal schnell raus, um ein Taxi zu rufen oder Zigaretten zu holen. Ich lenkte auch hin und wieder mal deren Rotzlöffel ab – die Promi-Frauen zogen sich stundenlang an und aus, und ihre Brut trat mir gegen's Schienbein. (Einmal habe ich auch zurückgetreten. Ääätsch!)

Also…, ich hatte Geburtstag und stand gerade mal wieder mit sieben Schuhkartons übereinander gestapelt im Arm mitten im Laden, als die Tür aufging und sich eine studentische »Aushilfs-Tausend-und-eine-Nacht-Schönheit« mit einem Ghettoblaster in der Hand schnurstracks auf mich zubewegte. Lustlos drückte sie auf »Play« und begann ihre speckigen Hüften in Achten zu kreisen. Ein singendes Telegramm! Hurra!

Ich hielt die Luft an und beschloss, nie wieder auszuatmen. Ich wollte nur noch ohnmächtig werden. Während meine Chefin das alles total »putzig und niedlich« fand, brach sich die Studentin mit den hennaroten Haaren echt einen ab. Das alles nur, um mich in seinem Namen auf ein Konzert einzuladen. Das hätte er mir doch auch vorher am Telefon sagen können. Das Spektakel dauerte rund vier Minuten – und vier Monate, um meinen Ruf als coolen Aushilfssam wiederherzustellen.

Aus diesen Gründen wollte ich bei meinem Liebsten nichts riskieren. Ich war ja immer noch so verliebt in ihn und wollte auf jeden Fall verhindern, dass er sich an meinem Geburtstag irgendwie unwohl fühlte oder gar in meinen Augen lächerlich machte. Er durfte es mir ja auf keinen Fall anmerken, sollten mir seine Ideen nicht gefallen.

Ich scharte also wie immer alle meine Freunde um mich und ließ mich bei Spaghetti und Torte feiern. Alles war im grünen Bereich – ich wähnte mich in Sicherheit, da wir ja eine Absprache bezüglich seiner Geschenke hatten. Nachts, allein, im Bett. Plötzlich stand er auf, räusperte sich und hielt so was wie eine Ansprache. Nur kürzer, Gott sei Dank. Aber es sollte noch viel peinlicher werden, und zwar nur für mich! Er überreichte mir eine selbst gebastelte Schatzkarte, auf die er ein englischsprachiges Rätsel geschrieben hatte. Dass ich dieses zu lösen nicht in der Lage war, lag a) an der altenglischen Formulierung, b) am zu komplizierten Rätsel oder c) an seiner Schrift. Mindestens eine Antwort stimmte. Suchen Sie sich eine aus. Zum Glück wusste mein kluger Freund Jörg sofort die Antwort auf das Rätsel. »Jules Verne«, brüllte er, als würde er jetzt eine Waschmaschine überreicht bekommen.

»Aha«, sagte ich, lächelte verlegen und war immer noch nicht klüger. Mein Liebster strahlte glücklich, nahm mich an die Hand und sagte in die sprachlose Runde: »Ich entführ sie euch kurz.«

»Liebster, das geht jetzt nicht. Ich habe Gäste.« Doch er ignorierte meinen Einwand und fuhr mit mir in besagtes Restaurant mit dem Namen der Rätsellösung. Hier stand dann ein großes Paket für mich – eine Schatztruhe. Mit der Schatztruhe unterm Arm fuhren wir wieder zu meiner Geburtstagsrunde. Unterm Strich war ich sehr angetan von seinem Mut und auch von seinen Ideen. Nachts, im Bett – wie abgesprochen – öffnete ich dann das Paket und fand viele schöne Dinge. Das »Danke, wie schön« kam diesmal wirklich von Herzen.

Ich muss zugeben, dass es nicht leicht ist, mich zu beschenken. Auf die Frage nach meinen Wünschen reagiere ich meistens völlig verlegen mit »Ach, lass mal. Du musst mir nichts schenken.«

»Völlig falsche Taktik, du Schäfchen«, meinte Sabrina am nächsten Tag beim Restefuttern. »Wenn du nichts sagst, bekommst du auch NICHTS! Jedenfalls nicht das, was du dir wünschst. Man muss Männer leiten. Und sich früh genug ein Schmucksystem anlegen, das er je nach Anlass erweitern kann. Gold und Brillanten sind nämlich immer gut und haben auch Bestand, wenn die Beziehung flöten geht…«

Es gibt ja tatsächlich diese talentierten Frauen, die immer reich und üppig beschenkt werden und aus jeder Scheidung und Trennung vermögender hervorgehen. Was machen die anders? In meinen Augen sind sie einfach unverschämt und greifen ab, was irgendwo geht. Für Anfängerinnen, die nicht ganz so unverschämt sind, aber Geschenke bekommen, über die sie sich dann auch wirklich freuen wollen, hat Sabrina ein paar Tipps:

– Weihen Sie ihn rechtzeitig in die Geheimnisse des richtigen Schenkens ein, wenn er es noch nicht kann. Unternehmen Sie mit ihm ausgiebige Schaufensterbummel.
– Konditionieren Sie ihn auf Sätze wie »Das gefällt mir sehr«, »Oh, das passt ja perfekt zu …« oder »Davon habe ich schon immer geträumt!«
– Sobald diese Sätze fallen, sollte er sich im Geiste eine Notiz machen und sich Zeit, Ort und gewünschtes Objekt merken. Sollte er dazu nicht in der Lage sein, weisen Sie ihn darauf hin.
– Es darf Ihnen nicht unangenehm sein zu sagen, was Sie sich wirklich wünschen. Das könnte die Garantie für einen umtauschfreien Geburtstag sein.

Übrigens hat mein Liebster zum Glück erst im September Geburtstag. Aber ich lief jetzt schon wie ein Kassettenrekorder neben ihm her und nahm alle seine ausgesprochen Wünsche, Ideen und Vorlieben auf.

Kerstin fand mich mal wieder völlig hysterisch. »Du zerbrichst dir jetzt schon den Kopf, was du ihm in einem halben Jahr schenken willst?«

»Ja. Natürlich. So was muss doch gut vorbereitet sein. Entschuldige bitte, bei Staatsempfängen gibt es doch auch genaue Verhaltensregeln. Da weiß man Fehler zu vermeiden. Und ich bin da strenger als das Protokoll des Bundespräsidialamtes. Es MUSS ihm gefallen!«

»Herzchen, warum ist es dir denn überhaupt so peinlich, zu schenken und beschenkt zu werden?

»Mann, uns ist doch allen mulmig vor dem Moment des

Auspackens! Weil wir Angst haben, den anderen zu enttäuschen. Wenn er in unseren Augen nicht den Glanz sieht, den er sich beim Aussuchen des Geschenkes so sehr gewünscht hat. Wir sind enttäuscht, weil er enttäuscht ist. Furchtbar.«

Schenkt er uns Jahre später immer noch was Falsches, sind wir nicht mehr nur enttäuscht, sondern fragen cool nach der Quittung, damit wir umtauschen können.

Ente oder Trente

»Wie geht's denn jetzt weiter?« Ronja guckte mich aus ihren schwarzen Kinderaugen an.

»Wie denn weiter? Womit denn?«

»Na mit dir und deinem Liebsten? Ihr seid doch jetzt drei Monate zusammen. Wollt ihr euch 'ne gemeinsame Wohnung nehmen? Wie steht er zu Kindern? Tragt ihr anschließend deinen oder seinen Namen? Habt ihr schon mal über eine gemeinsame Kontoführung nachgedacht?«

Ronja, Jörg und ich gönnten uns ein Erholungswochenende und lagen gerade ziemlich nackt in der Sauna, als meine Freundin anfing, wie eine Gouvernante auf mich einzureden. Ich nahm schlagartig drei bis vier Kilo ab – vor lauter Schreck! »Gemeinsame Kontoführung? Was ist denn das für ein Mist! Ronja? Du musst kalt duschen. Hat's dir das Hirn verbrannt?«

»Nein, ganz im Ernst. Du bist über 30, deine Knie runzeln, deine Mutter will endlich Enkel, Ella braucht auch ein Geschwisterchen und, machen wir uns nichts vor, deine Uhr tickt…«

»Ronja, dein wievielter Saunagang ist das? Du redest dummes Zeug. Ist doch noch alles viel zu früh.«

»Du behauptest doch nicht ernsthaft, dass du noch nicht über deine Zukunft nachgedacht hast? Wo siehst du dich zum Beispiel in zehn Jahren?«

»Hier in der Sauna. Leider ohne meine Freundin Ronja,

weil ich die nämlich an irgendeiner Raststätte ausgesetzt habe – wegen permanenter dämlicher Nachfragen. Aber gut... Eigentlich soll alles so bleiben, wie es jetzt gerade ist.«

»Aha, hübsch unverbindlich, meine Liebste! Wann wollen wir denn mal die Hintertürchen schließen?«

Ich musste zugeben – manchmal erwischte ich mich bei dem Gedanken: Alleine hatte ich es ja auch ganz gut hingekriegt. Das waren die Momente, in denen ich genervt war, weil zum Beispiel seine Klamotten in meinem Kleiderschrank hingen, wo sowieso schon gar kein Platz mehr war. Eigentlich wollte er nur eine Jeans mitbringen – inzwischen beherbergte ich eine komplette Herrenkollektion. Sportswear.

Während ich so vor mich hin grübelte, stand Jörg ewig unter der kalten Dusche. Was zu einem klaren Kopf, aber auch zu gewissen Schrumpfmechanismen an anderen Körperstellen führte. »Guck mal, hat sich die kleine Schildkröte vor den Mädels versteckt? Einfach so. Na, wo ist sie denn?«, jubilierte ich. Jörg schmiss mit der Seife und zeigte sich ansonsten völlig unbeeindruckt. »Muss schlimm sein mit so 'ner Wellpappe an den Oberschenkeln durchs Leben zu stampfen. Du solltest gar nicht lange überlegen, ob dich seine Klamotten im Schrank nerven. Behalt ihn, heirate ihn, mach Babys, und iss weiter Schokolade. So schnell kommt nämlich kein anderer mehr.«

Ronja nervte weiter: »Also – wo sitzt du in zehn Jahren? Reihenendhaus oder Altbauwohnung?«

Ich war einfach nur froh, immerhin schon zu wissen, wo ich gerade saß – mit meinem Hintern auf einem heißen Stein in diesem Wellness-Hotel. Über mehr musste ich mir doch jetzt wirklich keine Gedanken machen. Oder doch? »Altbauwohnung natürlich«, grinste ich Ronja an. »240 Quadratmeter, mit Kamin und Terrasse.«

»Natürlich, Madame! Aber was ist denn, wenn der Liebste lieber mit Filzpantoffeln durch ein Reihenendhäuschen schlurft? Und sich mit großer Hingabe um den englischen Rasen und den Biokompost-Haufen bemüht? Nichts da mit urbanem Leben zwischen Premierenfieber und Kaffeehaus-Atmosphäre. Vielleicht will er ja auch fünf Kinder, dann hast du sowieso zu nichts mehr Zeit. Von deiner Figur mal ganz abgesehen.«

»Wieso? Bei der Cellulite machen fünf Schwangerschaften auch nichts mehr aus. Aber stell dir mal vor... nur noch dieser eine Mann? Für immer und ewig. 20, 30 Jahre der gleiche Kerl neben dir auf dem Kopfkissen«, grinste Jörg und zeigte seine gut gewachsenen Zähne.

Ronja toppte diesen Wahnsinn noch einmal: »Jeden Morgen Stullen schmieren, Urlaub nur noch mit dem Wohnmobil, über jeden ausgegeben Euro musst du Rechenschaft ablegen, und für deine Freunde hast du gar keine Zeit mehr.«

Aha..., es dämmerte mir. Daher wehte der Wind. Die sind neidisch! Spielverderber! Wollen mir mein unbeschwertes Glück zerquatschen. Auf der anderen Seite musste ich ziemlich kleinlaut vor mir selber zugeben, dass ich darüber auch schon nachgedacht hatte: Klar war ich verliebt. Seit drei Monaten. Aber reichte das für 30 Jahre? Ja, ich liebe auch das Bild vom alten Pärchen auf der Parkbank unter der Kastanie. Aber meistens aufgenommen von einer Kamera mit Weichzeichner, weit weg von jeder Realität.

Gibt's denn so was noch? Liebe, die Jahrzehnte hält? Silberhochzeiten, goldene Hochzeiten? Bei der diamantenen kommt heutzutage doch schon der Bürgermeister in Begleitung eines Praktikanten der Bezirkszeitung beim Jubelpaar vorbei. Und dann passiert wahrscheinlich das, was ich neulich in der Zeitung gelesen habe: eine zu schöne Tierge-schichte! Ein kleines Waiseneichhörnchen war aus dem Nest gefallen, hatte dabei ein Beinchen verloren, wurde von einer Tierschützerin gefunden, aufgepäppelt und kuschelte jetzt am liebsten mit dem Familienkater. Ein deutscher Fern-sehsender schickte eine Reporterin (war wohl eine Prak-tikantin) mit Kamerateam, um einen TV-Film über die un-gewöhnliche Tierliebe zu drehen. Doch der Beitrag ist gestorben – im wahrsten Sinn des Wortes! Die Reporterin hatte das Eichhörnchen aus Versehen totgetreten! Schreck-lich. So grausam ist nur die Wirklichkeit.

Würde es meiner Beziehung auch so gehen? Wahr-scheinlich, wenn ich mir noch weitere Horrorszenarien an-hören musste. Wo blieben denn mein Vertrauen in mich und mein Bauchgefühl? Musste ich mir jetzt wirklich schon das Hirn zermartern über ungelegte Eier? Jörg konnte es einfach nicht lassen, er lief zur Hochform auf. »Ich habe da neulich mal diesen Typen wiedergesehen, mit dem du bei der Neueröffnung vom »Greens« rumgeknutscht hast, vor 'nem Jahr ungefähr. Was für ein Hasenstängel. Lecker. Hast du eigentlich seine Nummer noch? Wenn du ihn jetzt wirk-lich nicht willst, ganz aufrichtig, nach langer Überlegung, dann könntest du mir jetzt endlich doch seine Nummer geben.«

So neutral, unauffällig und nebenbei wie möglich platzte es aus mir heraus: »Hat er nach mir gefragt?« 50 Alarmsire-nen heulten in meinem Kopf, ich guckte in Jörgs Augen und wusste: Ich war in die Falle getappt. Ich hatte einen Fehler gemacht.

Jörg hüstelte hämisch. »So viel zu 30 Jahre Treue, meine Liebe. Er hatte eine andere an der Hand. So!«

»Entschuldige bitte, aber man wird ja noch mal fragen

dürfen! Der interessiert mich nicht mehr die Bohne. Ich freue mich sehr für den jungen Mann, dass er auch ohne mich sein Glück gefunden hat.« (Arschloch, bestimmt so 'ne dürre Lulu-Tussi.)

Was mache ich eigentlich, wenn mein Liebster genauso einen Dachschaden hat und sich die Frage stellt, ob ich wohl schon in zehn Jahren mit Lockenwicklern, Kittelschürze, schlechter Laune und Kleidergröße 52 um die Ecke gebogen komme?

Das wird er sich doch nicht wirklich ernsthaft bei mir vorstellen können?

Ronja mischte sich wieder ein. »Erinnere dich mal an Sabrinas Ehemann Nummer 2. Was haben wir sie um diesen Sechser im Lotto beneidet. Und dann musste sie ihn nach fünf Jahren doch noch in die Klinik bringen. Mann, der hat aber auch gesoffen. Zum Glück ist die Scheidung so glatt durchgelaufen, sonst müsste sie immer noch für ihn zahlen! Und damit war nun wirklich nicht zu rechnen.«

»Steckst halt nicht drin«, wusste Jörg fachmännisch dieses Stückchen Alltagswahnsinn zu kommentieren. »Du heiratest ein Sahneschnittchen und hast plötzlich eine saure Milch am Hals. Für immer. Wozu überhaupt heiraten?!«

»Und außerdem, Spätzchen. Jetzt ist das ja alles noch ganz niedlich. Aber du weißt schon, wenn du 40 bist, ist er süße 34! Upps, also ich möchte dann nicht in deiner Haut stecken.« Dabei kitzelte sie mich ab und küsste mich auf die Wange. Trotzdem – ich hatte genug Material zum Nachdenken.

Mir wurde der Hintern heiß – und zwar in doppelter Hinsicht. Zeit, diesen Wärmestein und die Lästerschwestern zu verlassen, meinen Liebsten anzurufen und auf die Zukunft zu vertrauen. Zeit, sich einer gemeinsamen Zukunft zu stellen. Ich kramte mein Handy heraus, wählte seine Nummer und stellte nur eine Frage: »Liebster, Reihenendhaus oder Altbauwohnung?«

Monat drei –
unser drittes Jubiläum

Wir sind jetzt ein Vierteljahr zusammen. Ich weiß, es sind drei Monate, aber irgendwie klingt ein Vierteljahr gleich viel länger und viel ernstzunehmender. Wenn man mich fragt: »Wie lange seit ihr schon zusammen?« und dann vom Gegenüber ein »Ach, noch ganz am Anfang«-Lächeln kommt, könnte ich wie das HB-Männchen abheben: ICH meine diese Beziehung mit Heiratsabsicht, Kinderprogramm, Häuschenplanung und Glückseligkeit bis an Lebensende! SIE, wertes Gegenüber, reden hier von einer Pippifax-Beziehung und lassen sich durch die Kürze der Dauer beeinflussen. ICH rede von Qualität, SIE von Quantität. Ich habe so was zwar noch nie zu einem milde lächelnden Gegenüber gesagt, aber immer wieder gedacht!

Ich wünschte, es wären schon zehn Jahre. Dann würde jeder, meine Mutter, mein Vater und meine Analytikerin Frau S., unsere Beziehung so ernst nehmen wie ich! Sogar Jörg würde aufhören, nach meiner »Affäre« zu fragen, sondern nur noch respektvoll und neidisch von »meinem« Mann reden. Ja, das ist er nämlich: MEIN Mann! Wir waren neulich mal in einem Porzellanladen, um nach einem neuen Frühstücksgeschirr zu gucken. Die Verkäufer haben mich und ihn angeschaut, als gäbe es überhaupt keinen Zweifel an unserem eheähnlichen Verhältnis. »Ob das Ihrem Mann auch gefallen könnte, was meinen Sie?«, fragte mich die rot gefärbte elefantenähnliche Porzellanfachverkäuferin.

Egal, ob's ihm gefällt. Mir gefällt auf jeden Fall, dass sie denken, ich sei seine Frau. Aber was soll ich auch sagen: Ich bin nur seine Freundin? Ich bitte Sie, ich bin 37 und keine Schülerin mehr! Mein Lebensgefährte halte ich für übertrieben – schließlich leben wir ja noch nicht zusammen. Aber dass dies mein Mann ist, daran gibt's keinen Zweifel. Weder für mich noch für irgendwelche Verkäuferinnen.

Vor drei Monaten hätte ich nicht geglaubt, dass ich dazu in der Lage wäre: zu lieben! Ich hatte so viele Ängste und eine Million Gegenargumente! Eine Beziehung? Ich? Wie soll denn das bitte funktionieren? Heute, drei Monate später, habe ich kein einziges Gegenargument mehr. Ängste sind aber trotzdem geblieben, wenn auch ganz andere: Wenn er mit Ella zehn Minuten Gassi geht, steh ich schon wie eine Mutter am Fenster, die ihr Kind das erste Mal allein zur Schule laufen lässt. Und wenn ich sie nicht schon die Straße runterkommen sehe, sehe ich sie im Geiste von einem LKW platt gerollt, zerquetscht und zu Brei gemanscht unter überdimensionalen Reifen liegen. Ich darf jetzt nicht beide verlieren, denke ich dann und weine schon mal prophylaktisch so ein bisschen vor mich hin.

Neulich fühlte ich mich sehr verbunden mit Kerstin, der immer noch schwer verliebten Mutter, als sie folgenden Satz über ihre Beziehung sagte: »Ich habe gar keine Ängste mehr. Nur noch eine: dass er vor mir stirbt!« Puh, ja. Das ist es.

Okay, mir würde es auch nicht wirklich gefallen, wenn er jetzt eine Vollglatze bekäme. Aber in 20 Jahren hätte ich mich dran gewöhnt. Überhaupt, wenn wir so weitermachen, werden wir auf jeden Fall unsere äußere Form stark verändern – denn mittlerweile essen wir ungeniert alles, einfach alles, was die Figur ruinieren könnte. In den ersten Wochen achtete jeder für sich peinlich genau darauf, nicht ALLES wahl- und maßlos in sich reinzustopfen, wie wir es wohl getan hätten, lägen wir noch heute alleine auf unserer Couch. Wollten wir zunächst diszipliniert und leicht wie eine Feder wirken, gehen wir jetzt schon sehr viel sportlicher mit Hüft-, Bauch- und Pospeck um. Sehr zu meiner Freude übrigens, es macht alles etwas einfacher. Was keinen Freibrief für hemmungsloses Verhalten in jeder Lebenslage darstellt. Sich gehen lassen ist einfach zu unsexy.

Dieses dritte Monatsjubiläum übrigens haben wir nicht gefeiert. Wir meinten, für diese »Jeden-Monat-Feierei« dann irgendwie doch zu erwachsen zu sein. Ich für meinen Teil konzentriere mich auch schon auf die Findung eines würdigen Hochzeitstagsdatums. So wie Kerstin. Sie fokussiert den 27. September an – den Hochzeitstag ihrer Uroma. Und diese Ehe hielt 63 Jahre! Dann müssten wir nur noch 62 drei Viertel Jahre durchhalten. Das erste Vierteljahr haben wir ja schon … Ein ganzes Vierteljahr!

Für alle, die jetzt noch
ein Paar sind

Ich weiß jetzt wirklich nicht genau, ob er ein so wahnsinnig toleranter Mann ist oder einfach nur bis über beide Ohren und vielleicht sogar zum ersten Mal so sehr verliebt: Der liebt mich doch tatsächlich so, wie ich bin. Er nölt nicht mal. Er ist klug genug, über meine Eskapaden, Unsicherheiten lächelnd hinwegzusehen, sie allenfalls in gesunde Bahnen zu lenken. Und bei allem war er nicht halb so anstrengend wie ich. Wahrscheinlich haben wir es auch nur deshalb unbeschadet überstanden. Die Bewährungszeit ist endlich vorbei! Wir lieben uns immer noch, und im Grunde lieben wir uns jeden Tag ein Stückchen mehr. Intensiver, gefühlvoller, bedeutender.

Aber wissen Sie was?

Wenn's nach mir ginge, dürften wir die ersten drei Monate einer Beziehung gerne auch generell überspringen und direkt bei Monat vier oder gar Monat zwölf anfangen. Nicht jedes Mal Panikattacken, wenn ER nicht anruft, ICH was Falsches sage, zu laut an der falschen Stelle gelacht habe oder ihn einfach noch nicht kenne und verstehe, mich an Gerüche, Geräusche und sonstige Neuigkeiten noch nicht gewöhnt habe. Die Phase, in der die Liebe laufen lernt. Unter schwierigsten Bedingungen: Wir verkrampfen uns, verstellen uns, werden noch neurotischer, abgedrehter, unsicherer – 90 Tage auf Bewährung eben. Die ersten, richtungsweisenden Monate, in denen sich alles entscheidet.

Eine Zeit, in der alles zum ersten Mal gesagt, gesehen und getan wird.

Wer kann von sich behaupten, in den ersten drei Monaten so zu sein, wie er wirklich ist? Wer versucht nicht, sich von seiner attraktivsten Seite zu präsentieren?

Schließlich müssen wir diese völlig neue Lebensform ja auch irgendwie lernen – immer wieder. In jeder neuen Beziehung fangen wir bei null an. Nicht professionell und routiniert, sondern ehrlich, einfühlsam, spontan. Denn in der Liebe dürfen, wollen, können und werden wir jedes Mal aufs Neue Anfänger sein. Wir werden immer wieder Lampenfieber haben! Und uns immer wieder wie eine Fünfzehnjährige mit Zahnspange fühlen, wenn er uns das erste Mal auszieht.

Ich weiß natürlich nicht, wie's langfristig bei mir weitergeht. Eine Beziehung bedeutet immer Arbeit – egal ob in Monat vier oder Jahr fünf! Und es wird noch so viele Bewährungszeiten geben. Mein Liebster hat die 90 Tage mit mir tapfer durchgestanden, er hat mir gezeigt, dass es sich lohnt weiterzumachen – für beide.

Meine Freundin Kerstin, die Mutter mit den drei Kindern von zwei Vätern, und ihr Liebster (Schlüsselkind Phillip) haben auch ihre Bewährungsprobe bestanden. Kerstin krönte die stressige Zeit mit dem romantischsten Satz, den ich mir für diese Situation vorstellen kann: »Er ist der letzte Mann in meinem Leben, den ich küssen werde!« Sie ist in ihrer Beziehung angekommen.

Nun gut, Schluss mit allzu viel Schmalz! Meine Analytikerin Frau S. hatte natürlich Recht: Ja, auch mein Liebster hat leichte Macken. Und wahrscheinlich werden bei meiner neurotischen Veranlagung aus Fliegen irgendwann Mammuts, also schwerste Macken! Aber malen wir mal jetzt den

Teufel nicht an die Wand, sondern nehmen das, was wir haben: eine glückliche Beziehung, mit der ich meinen Vater von seiner bescheuerten Theorie abbringen kann, Frauen um die Mitte 30 würden eher von einem Bus überfahren, als dass sie einen Mann zum Heiraten fänden; komplett an den Haaren herbeigezogen (klingt sowieso wie ein Altherren-Witz). Ich bin beziehungsfähig! Hoffe ich jedenfalls. Und wenigstens mein Liebster glaubt daran. Ich auch. Ehrlich. Wirklich.

Meine Analytikerin Frau S. hat mal wieder nichts zu meiner bedeutenden Erkenntnis gesagt. Aber Jörg, mein schwuler Freund. Und sein persönlicher Glaube an meine neu entdeckte Beziehungsfähigkeit klang bei ihm ungefähr so: »Herzchen, und wenn du in das Hochzeitskleid, dass ich mir für dich ausgesucht habe, nicht reinpasst, musst du dir halt das Fett absaugen lassen!« Das nenne ich Überzeugung!

Sabrina findet alles irgendwie »furchtbar schön«. Aber mehr furchtbar als schön. Befürchtet sie doch, dass ich ihn spätestens in drei Jahren in den Wahnsinn getrieben haben werde. Sie bietet ihm bis dahin kostenlosen therapeutischen Beistand aus der Sicht einer Freundin: »Also, pass auf, Liebster (sie nennt ihn immer noch so). Wenn sie mal wieder durchknallt, sie ihre Sachen innerhalb von drei Minuten packt und sogar zu ihrer Analytikerin ziehen will, ruf mich an. Ich verstehe sie zwar auch nicht, aber wir können dann zumindest zusammen einen auf sie trinken! Dann lässt sich das doch alles leichter aushalten.«

Ronja, die hoffnungslose Romantikerin unter uns, ist einfach nur entzückt und möchte gerne ihre persönliche Premiere als Wedding-Planerin feiern. Weil sie der Meinung ist, ich Chaotin kriege es sowieso nicht allein auf die Reihe.

Ich fasse mal die Meinung meiner drei Freunde zusammen: Laut Jörg bin ich wohl eine leicht übergewichtige, laut Sabrina rechthaberische, egoistische und laut Ronja hilflose Person, die dringend von der Straße muss.

Tja Mädels, und genau DAS liebt er alles an mir!

Für alle, die jetzt noch ein Paar sind: Glückwunsch! Sie haben's geschafft. Wahrscheinlich sahen Sie auch noch nie besser aus. Erinnern Sie sich daran, wenn Sie das erste Mal Migräne haben statt Sex! Wenn er mal wieder Ihren Kennenlerntag vergessen hat. Sie immer noch nicht kochen können und er jetzt lautstark darüber meckert. Oder wenn Sie ihn in seiner Lieblingsjogginghose einfach nur zum fünften Mal hintereinander nicht aus dem Fernsehsessel bewegen konnten. Wenn einfach die hormongeschwängerte Zeit vorbei ist. Und Sie ihn für all das lieben.

Aber so weit sind wir ja noch nicht, jetzt, am Anfang von Monat vier! Wir sind an einem anderen Punkt: Juchhu! Danken Sie Gott, sich, dem Polizeipräsidenten, egal wem – seien Sie einfach nur dankbar: Bewährungsprobe bestanden. Zeit, mental ein Foto zu machen, es ebenfalls in Gedanken zu rahmen, übers Bett zu hängen und sich jeden Tag aufs Neue daran zu erfreuen!

Neue Männer braucht das Land

Sie sind also wieder ein Single. Nun gut, es hätte klappen können. Die ersten 75 Tage waren ja auch schön. Aber dann begannen die Probleme. »Nicht alltagstauglich.« »Er konnte sich nicht an meine Katzen gewöhnen.« »Er hat einfach nicht von seiner Ex gelassen.« »Der hat mehr versprochen, als er gehalten hat.« »Irgendwie gab's immer etwas, was nicht gestimmt hat.« All das höre ich Sie sagen. Und dabei ist es egal, wer den ersten Schritt zur Trennung gemacht hat. Den Kater haben beide …

Dann kommt's »Ich wünschte, ich wäre ihm nie begegnet.« »Ich sterbe.« »Ich werde ihn nie vergessen können.« »Keiner ist wie er.« »Es wird keinen besseren Sex geben.« »Klar, so eine wie mich kann man ja auch nicht lieben.«

Stopp – Selbstmitleid ist der falsche Weg! Alles hat seinen Sinn. Auch wenn der sich erst in vielen Jahren erschließt. Oder auch nie. Wichtig ist, dass man in einer schmerzhaften Trennungsphase an irgendetwas glauben muss. Vielleicht war's der Übergangsmann. Der Wachküsser. Der Grenzöffner. Der Brillenabnehmer. Wenn Sie genau nachdenken, fällt Ihnen bestimmt etwas ein, was Sie tröstet.

Okay, Liebeskummer tut weh. Plötzlich ist da eine riesige Lücke, die sie vermeintlich nicht schließen können. Sie sind am Wochenende wieder allein, es gibt definitiv keinen Grund, seine Nummer zu wählen, keine liebestollen SMSen lassen Ihr Handy vibrieren, oberflächlich betrachtet ist niemand mehr da, der sich dafür interessiert, ob's bei Ihnen gerade gut oder schief läuft. Allein halt. Der Kühlschrank bleibt leer, die linke Seite vom Bett vorübergehend auch, Liebesfilme, melancholische Musik, Kerzen und Räucherstäbchen – alles tut nur noch weh. Aber wenn Sie Glück haben, nehmen Sie in dieser Phase fünf bis zehn Kilo ab – in kürzester Zeit. Dafür geben andere in Kliniken ein Vermögen aus oder quälen sich in Fitnessstudios. Man muss nur positiv denken – Ja, ich weiß. Erst mal können vor Lachen, wenn's nur noch wehtut.

Um es jetzt mal kurz und schmerzhaft zu machen: Diese Phase dauert. Nicht selten begleitet von dem Wunsch, langsam ins Nirwana zu gleiten, nur damit der endlose Schmerz endlich aufhört. Sie glauben, Sie drehen durch: Jetzt werden Sie irre, brauchen Alkohol, Drogen, Psychopharmaka, wenigsten eine Therapie oder 24 Stunden eine Bettdecke überm Kopf. Trennungen laufen in unterschiedlichen Phasen ab – auf die erste Ohnmacht folgt in der Regel das Unverständnis: Nicht ich, das ist jetzt nicht mir passiert. Der Schmerz im Solarplexus überströmt den ganzen Körper. Die Realität zu akzeptieren scheint unmöglich. In besonders schlimmen Fällen bietet der Verlassene an, für diese Liebe wimmernd unter den Teppich zu kriechen. Phase zwei beginnt, wenn Sie Wut spüren und wilde Rachepläne schmieden.

Ich wünsche dir alles Gute und sämtliche neu entdeckten Krankheiten dieser Welt! Merken Sie sich diesen Satz aus dem wunderbaren Kinofilm »Sommer vorm Balkon« und denken Sie dran, oder sprechen Sie ihn aus, wenn Ihnen danach ist. Hören Sie nicht auf Esoteriker, die behaupten: Alles Schlechte kommt zu einem zurück – und du musst ihm Liebe wünschen. Wünschen Sie ihm die Pest an den Hals, wenn er Sie verlassen hat! Und seiner neuen »Alten« auch, wenn er gleich eine hat oder zu seiner Ex zurückkehrt oder plötzlich alle Single-Frauen der Stadt beglückt, weil er ja jetzt wieder ungestraft darf! Ratte!

Es gibt natürlich auch immer eine Emergency-Liste gegen Liebeskummer: Treffen Sie sich doch zum Beispiel mit Ihrer Vorgängerin, trinken Sie sich gegenseitig unter den Tisch, »auf ihn«, und sezieren Sie ihn, lachen Sie gemeinsam über Dinge, die Sie schon immer blöde an ihm fanden. Zu zweit macht das alles noch viel mehr Spaß! Zerschneiden Sie alte Fotos und sein Lieblingshemd mit einer Nagelschere in winzig kleine Stücke (trauen Sie sich ruhig auch an den sündhaft teuren Armanai-Anzug ran, dann sind Sie wenigstens eine halbe Nacht beschäftigt) und – ganz heißer Tipp – gehen Sie mit seinem besten Freund essen und sorgen Sie dafür, dass ER davon erfährt. Ganz fies ist es natürlich, so zwischen Hauptgang und Dessert zufällig fallen zu lassen, was für ein katastrophaler Liebhaber er ist und dass er dummerweise zu ekelhaften Pilzinfektionen neigt. Ja! Wie gemein! Das aber nur im allergrößten Schmerz und am Anfang der Trennung. Und auch nur, wenn er sich im Nachhinein als das größte Schwein im Stall entpuppt.

Und wollen Sie sich ernsthaft mit einem Mann abgeben, der Sie nicht wirklich liebt? NEIN! Weg mit allem, was wehtut. Bleiben Sie bei sich, tun sie das, was Ihnen gut tut, und vergessen Sie nie: Sie sind es wert, geliebt zu werden. Wenn nicht von diesem Trottel, dann von einem anderen! Okay, diese Eso-Nummer gefällt mir!

Glauben Sie der Erfahrung: Schmerz, Kummer, Sehnsucht, Verlangen lösen sich irgendwann auf, nur bei jedem dauert's unterschiedlich lang. Manche haben das Problem nach zwei Wochen abgehakt, andere leiden zwei Jahre. Was Sie jetzt wirklich brauchen sind Geduld und eine gute Freundin, die auch nach Wochen noch Lust hat, sich Ihre Trauer anzuhören.

Zur Beseitigung von schweren Krisen gibt's leider kein Patentrezept, nur individuelle Lösungen und Wege. Aber eines ist klar: Solange Sie keine Verantwortung übernehmen, sich als Opfer sehen und alle Schuld für Ihr Elend auf ihn abwälzen, bleiben Sie in diesem Gefühlssumpf! Viel besser ist es, obwohl Sie gerade in erster Linie mit Überleben beschäftigt sind, aus dieser Situation zu lernen. Warum mir? Warum das? Warum jetzt? Meine Analytikerin Frau S. hat dazu eine Meinung, die sie mir ausnahmsweise sogar mal mitgeteilt hat: »Sie ziehen immer die Menschen an, die zu Ihrer eigenen momentanen Entwicklungsstufe passen. Ist der Lernprozess abgeschlossen, verschwinden diese Menschen wieder aus Ihrem Leben.«

Halten Sie Ihr Herz offen. Auch wenn Liebe manchmal wehtut, ist sie doch auch oft genug wunderschön. Und nicht alle Mamis haben Vollidioten auf die Welt gepresst.

Ich weiß, dass Sie sich jetzt am allerliebsten für die nächste Zeit nicht mehr aus Ihrer Leichenstarre bewegen wollen und allenfalls den Pizzaboten anrufen. Aber wenn Sie dann, nach drei, vier oder sechs Wochen feststellen, dass der Pizzabote einen ziemlich knackigen Hintern hat, sind Sie auf einem guten Weg. Warum nicht auch mal den Pizzaboten vernaschen? Als Dessert sozusagen. Schon mal darüber nachgedacht? Was ich damit sagen will, ist, denken Sie doch mal über die Bearbeitung Ihres Beuteschemas nach. Vielleicht fischen Sie immer in trüben Gewässern? Und niemand fängt einen Thunfisch in der Spree … Vielleicht stellen Sie jetzt endlich fest: Seemann, Pirat, Cowboy – klar, alles coole

Typen, aber alltagstauglich? Sind die emotional zuverlässig? Passen Sie zu so einer Art Mann? Gucken Sie einfach genauer auf Ihren eigenen Beipackzettel: womit verträglich, womit eher nicht?

Zu all diesen Liebesthemen gibt es diverse Ratgeber. Eigentlich habe ich sie alle wieder zur Seite gelegt. Das Leben pinkelt sowieso, wie es will. Wichtig ist nur, dass Sie sich bei alldem nicht verlieren. Es ist wie im Zirkus: Wer vom Seil rutscht, muss sofort wieder rauf. Sonst kommt die Angst. Aber gucken Sie sich das Seil diesmal genauer an. Auch wenn es niemals einen Garantieschein für lebenslange Liebe gibt: Seien Sie mutig, riskieren Sie auch weiterhin mal eine Backpfeife vom Leben.

Denn es kann ja auch gut gehen!

Und unterm Strich wollen ja alle das Gleiche: Liebe! Liebe! Liebe!

Er ist weg – sehen Sie's doch positiv: Sie müssen nicht mehr in Winnie-Puuh-Biberbettwäsche schlafen, sind die nervigen Schwiegereltern in spe los, müssen sich nicht um die Gunst seiner dämlichen Freunde bemühen, dürfen wieder »Golden Girls« gucken, knutschen mit wem Sie wollen und gehen ungestraft mit fünf Cremesorten allein ins Bett. Und weil's so schön ist, das Ganze endlich wieder bei muckeligen 26 Grad im Schlafzimmer und nicht seinen bevorzugten sibirischen 13 Grad!

Und wenn's mit dem Mann nicht geklappt hat, dann mit dem nächsten: Neue Männer braucht das Land!

DANKE, Ina Deter

Ich sprüh' s auf jede Häuserwand
»Ich such' den schönsten Mann im Land«,
ein' Zettel an das schwarze Brett,
»Er muss nett sein, auch im Bett«,

kratze es in Birkenrinden,
»Wo kann ich was Liebes finden«,
schreib' s in Gold auf die Altäre,
»Ich komme nicht mit der Schere«,

male es auf jede U-Bahn,
»Ruf mich unter 318 an«,
drucke mir Demo-Flugblätter,
mit dem Bild von dem Erretter,

und verteile sie vor Karstadt,
»Hab' die Männer noch nicht ganz satt«,
setz' es fett in die BILD-Zeitung,
»E-MAN-ZE sucht 'ne Begleitung«,

Ich sprüh' s auf jede Wand,
»NEUE MÄNNER BRAUCHT DAS LAND«,
Ich sprüh' s auf jede Wand,
»NEUE MÄNNER BRAUCHT DAS LAND«.

Lass 's im Werbefernsehn laufen,
»Notfalls würd' ich einen kaufen«,
singe es von allen Bühnen,
»Große Chancen haben Hünen«,

trage es auf meinem T-Shirt,
»Schreibt mir, wer, wo, was von wem hört«,
werd 'ne Neonleuchtschrift machen,
»Wenn du so bist wie dein Lachen,

möchte ich dich wiedersehn,
mit dir schwimmen nach Athen,
sogar mit dir früh aufstehn,
sogar mit dir untergehn«.

Ich sprüh' s auf jede Wand,
»NEUE MÄNNER BRAUCHT DAS LAND«,
Ich sprüh' s auf jede Wand,
»NEUE MÄNNER BRAUCHT DAS LAND«.

Neue Männer braucht das Land
Musik & Text: Ina Deter
© by Independent Music / Mobi Music Musikverlag /
Musik – Edition Discoton GmbH (BMG Music
Publishing Germany), München
Alle Rechte für die Welt.

Sophie Kinsella bei Goldmann

Mehr Informationen unter www.goldmann-verlag.de